La fabrication des mâles

Ouvrages de
Georges Falconnet

Le prince charmant ou
la femme mystifiée
Mercure de France, 1973

Les psychiatrisés prennent
le pouvoir
Bertani, Vérone, à paraître

Denise Barrett

Georges Falconnet
Nadine Lefaucheur

La fabrication
des mâles

Éditions du Seuil

La première édition de cet ouvrage
a paru dans la collection « Combats »

En couverture : dessin d'Eléonore Lefaucheur, 10 ans.

ISBN 2-02-004714-4
(ISBN 2-02-004248-7 1ʳᵉ publication)

© *Editions du Seuil, 1975.*

Avertissement
pour l'édition de 1979

Lors de la première édition de ce livre, les mouvements de libération des femmes ou des homosexuels avaient déjà dénoncé le rôle masculin traditionnel et son terrorisme. Ils se rejoignaient dans la remise en cause des normes sexuelles, des identités masculine et féminine, et dans la lutte pour que leur soit reconnu le droit à la différence. Par contre, il n'existait que peu de groupes d'hommes, non spécifiquement homosexuels, en rupture ouverte avec le machisme et la phallocratie. La plupart des hommes mal à l'aise dans leur condition masculine (même « dominante »), isolés, renvoyés à une « nature » maudite par un certain discours féministe sexiste, se contentaient d'une prise de conscience souffrante et désespérée se traduisant par un discours plaintif et larmoyant.

Mais, depuis, des groupes d'hommes se sont multipliés, à Paris comme en province, menant une réflexion autonome sur leurs rapports entre hommes, avec les femmes, avec les enfants, et dépassant la passivité du sentiment de culpabilité. Ne se sentant rien de commun avec les maniaques du pouvoir sur les femmes, les tyranneaux domestiques ou les violeurs de tous poils, ils se battent pour exister en dehors des rôles sociaux et sexuels dominants. Les individus isolés et les groupes sentent aussi la nécessité de se rencontrer, d'échanger leur vécu, leurs idées et leurs expériences. Récemment, la création d'un collectif « Pas rôle d'homme », visant à multiplier les contacts et à faire circuler les informations, a contribué à l'émergence d'une parole masculine différente et pourtant tonique, combative.

De plus en plus, on imagine possible une société où les bases objectives et subjectives du pouvoir masculin disparaîtraient. Dès à présent, de nombreux anthropologues, sociologues et historiens, s'accordent à souligner l'inadéquation, sinon la mutation de l'inégalité entre les sexes. La suprématie du mâle est sans doute déjà un anachronisme mais un anachronisme encore plein de vigueur et dominant partout. Alors, de nombreuses femmes se mettent sur les

rangs de la compétition pour le pouvoir (public et privé). Elles y
réussissent de mieux en mieux et les domaines réservés aux hommes
s'amenuisent progressivement. Cependant, je ne crois pas que le
pouvoir ait changé ou changera de nature pour autant qu'il soit
exercé par des femmes à l'intérieur d'un cadre socio-économique
qui, lui, est bien resté le même. Non, ce qui me semble concerner
un nombre croissant d'hommes et de femmes, surtout dans les
nouvelles générations, c'est un projet de « révolution existentielle »
se situant en dehors de la problématique politique classique, projet
marqué par la méfiance et la désaffection de toutes les formes de
pouvoir, plutôt que par la lutte pour s'en emparer. Ce qui signifie, en
particulier, que les deux sexes seront solidaires pour échapper à
l'aliénation des rôles masculins et féminins tels qu'ils existent
aujourd'hui et pour inventer une autre sociabilité ; conscients qu'il
est de peu d'effet de simplement renverser ou même égaliser des
rôles sociaux, professionnels, familiaux et sexuels segmentés selon
la logique du profit et de l'Etat et non selon celle des intérêts réels
des individus et de leur bonheur.

G. F.

Du sexisme ordinaire aux pièges de la libération sexuelle

La crise qui secoue les sociétés occidentales depuis quelques années n'atteint pas seulement les valeurs et les institutions liées à la sphère du travail et de la production, mais aussi celles qui régissent tous les aspects de la vie quotidienne des individus. C'est ainsi qu'en France, depuis Mai 68, de nouveaux axes de lutte sont apparus en force sur la scène politique et sociale, entraînant des débats qui, aujourd'hui, dépassent largement les milieux marginaux qui les ont impulsés. Par exemple, la lutte menée par différents mouvements pour la liberté de l'avortement a conduit, en l'espace de deux ou trois ans, des milliers de femmes et de militants à transgresser ouvertement la loi et a contraint le gouvernement à réviser une législation vieille d'un demi-siècle.

Dans toutes ces luttes qui remettent en cause la misère et la répression sexuelles, les rapports de couple, la famille traditionnelle et l'éducation répressive des enfants, le problème central demeure celui de la libération des femmes. Or l'idée de cette libération fait peur aux hommes « traditionnels » et met souvent mal à l'aise ceux-là mêmes qui s'y montrent favorables. La difficulté de penser autrement qu'en termes de pouvoir fait craindre aux hommes non seulement de perdre leurs avantages et prérogatives, mais aussi d'être un jour soumis à une oppression de la part de l'autre sexe.

Le nombre croissant des femmes que leur travail rend économiquement moins dépendantes des hommes, la possibilité qu'elles ont désormais de contrôler leur fécondité, la réforme des lois sur l'autorité parentale, sont autant de faits qui sapent les bases de l'autorité masculine traditionnelle. De plus, les critiques souvent virulentes que font des mouvements comme le MLF n'ont épargné aucun des domaines jadis protégés par le secret de la vie privée : travail ménager, rapports affectifs et sexuels, etc. Les hommes, attaqués au niveau de comportements qu'ils considéraient depuis toujours comme « naturellement » masculins, ont deux types principaux de réactions : soit ils se durcissent et se cramponnent à leur personnage dominateur et autoritaire, soit ils admettent, à des degrés divers, le bien-fondé des revendications féminines — ce qui les mène à se sentir coupables d'être des hommes, chargés à ce titre de tous les « péchés » de la masculinité. Dans un cas comme dans l'autre, le malaise est profond. Sortis de l'attitude caricaturale de l'homme « viril », fier de se revendiquer tel, les hommes paraissent condamnés au désarroi ou à l'insincérité.

Quel mâle faut-il donc être dans son milieu de travail ? Face aux copains ? Aux autres mâles ? Aux femmes « en voie de libération » ? Aux femmes « traditionnelles » ? Autant de masques et de costumes à endosser, autant d'incertitudes.

Peu d'hommes, quel que soit leur degré d'adhésion au « sexisme ordinaire », osent justifier ouvertement le despotisme mâle. Après tout, disent-ils, « la femme est un être humain » et le mari ne doit pas être un bourreau, une brute :

> Il ne doit pas se faire obéir en tapant du poing sur la table ou en étant toujours en train de dire : c'est moi l'homme, c'est moi qui commande [1]. (Philippe)

Non, l'homme doit laisser sa femme s'exprimer ; ce n'est plus comme dans l'ancien temps, les choses évoluent et aujourd'hui la femme a le droit à la parole. Mais c'est toujours au mari de trancher, « l'homme doit rester le maître »...

> Moi, je n'ai jamais dit à ma femme d'aller voter à gauche si elle avait envie de voter à droite. Je n'ai jamais empêché ma femme de s'exprimer comme elle voulait. Mais enfin, ces femmes, qu'est-ce qu'elles veulent au juste ? Qu'est-ce qu'elles appellent la libération de la femme ?

s'exclame Louis, ouvrier maçon. Elles peuvent voter selon leurs opinions, elles ont la chance de rester à la maison à s'occuper tranquillement de leur ménage et de leurs enfants, au lieu d'aller visser des boulons en usine. De plus, tout en donnant à l'homme l'impression que c'est lui qui commande, c'est bien souvent elles qui tiennent les leviers ; alors, qu'est-ce donc qu'elles réclament ?

L'homme peut de temps en temps aider aux tâches de la maison, surtout quand la femme travaille à l'extérieur ou qu'il y a beaucoup d'enfants, mais à condition que les rôles habituels ne soient pas fondamentalement remis en cause.

---

1. Voir liste alphabétique des interviewés, en annexe.

Le travail de la femme à l'extérieur continue à être mal vu, même dans les familles où il est nécessaire pour boucler le budget : l'idéal reste que la femme puisse se consacrer uniquement à son rôle de mère et de maîtresse de maison. Une bonne part de l'argumentation syndicale sur les salaires repose sur l'idée que le salaire du mari doit être suffisant pour faire vivre toute la famille. Inversement, le patronat justifie le faible niveau des salaires féminins en arguant qu'il s'agit de salaires d'appoint. La revendication « à travail égal, salaire égal » n'est admise qu'en paroles par la plupart des hommes. A la limite, elle pourrait d'ailleurs être satisfaite sans que cela change grand-chose, vu les emplois sous-qualifiés qui sont réservés à la main-d'œuvre féminine en raison des soi-disant inégalités d'aptitudes selon les sexes. Que les hommes soient en général mieux rétribués reste la plus puissante justification de leur pouvoir. Aussi se sentent-ils le plus souvent mal à l'aise lorsque leur femme touche un salaire supérieur au leur.

Les autres revendications féminines passent moins bien encore que celle-là. De la notion de libération des femmes proprement dite, certains n'arrivent pas même à entrevoir ce qu'elle peut signifier, d'autres doutent qu'elle renvoie à un problème réel :

> Si des femmes se sentent à ce point opprimées... mon Dieu, qu'elles se manifestent ! Mais je ne suis pas très convaincu que le problème se trouve là, que la femme soit plus opprimée que l'homme. J'ai bien l'impression, au contraire, d'avoir eu moi-même affaire à des mégères... Et puis, on a le mari qu'on mérite, comme on a le gouvernement qu'on mérite. (Didier)

> Etre l'égale de l'homme... l'égale de l'homme ! Même parmi les hommes, tous n'ont pas les mêmes moyens. Et, de là, qu'il y ait des différences entre hommes et femmes, ça me semble normal, ça fait partie de la réalisation de chacun. Chacun se réalise comme il veut. J'ai vu des femmes architectes ; je sais bien qu'il y a une petite différence, mais c'est surtout d'elles qu'elle vient, la différence... C'est elles qui partent battues et qui vont s'orienter automatiquement sur des trucs bidon, des recherches de matières, de décoration... Tu dis : les hommes et les femmes... mais alors parlons des manuels et des intellectuels, ils ne baisent même pas ensemble ! Mais tu parles des femmes... Les femmes peuvent faire du sport, d'ailleurs il y en a qui en font. C'est difficile qu'elles en fassent avec la même intensité que nous, peut-être, mais elles peuvent y ajouter l'habileté dans un sport comme le tennis ou la natation,

où elles trouvent des satisfactions du même ordre. Mais moi, ce que je prétends, c'est qu'elles ont des atouts fantastiques dont elles ne se servent pas, dans ce sens qu'elles veulent se réaliser avec des critères d'homme... ça n'a rien à voir ! Et, à la limite, quand les hommes veulent se réaliser avec des critères de femme, alors là, ça fait mal ! Parce que moi, j'ai constamment débordé dans leur domaine, au point de vue sensibilité, au point de vue... Et quand tu sais mieux qu'elles, alors là, c'est la merde ! Parce que, dans le fond elles veulent bien nous attaquer, mais il faut pas aller chez elles... Ça, pas touche !... Alors ? (Henri)

Beaucoup ne se sentent pas le cœur à rire ; ils ont peur — peur de perdre leur supériorité, peur de voir les rôles se renverser, peur d'être à leur tour opprimés par les femmes.

Les hommes « féministes », ceux qui voient dans les mouvements de libération des femmes quelque chose d'important et de positif, ne semblent pas effrayés ; mais ils gardent parfois d'étonnantes résistances :

Ça me fait rire, mais je crois que c'est vachement important, je crois à l'action des minorités, enclenchée sur une réalité sociale plus concrète et plus générale. En cela, je trouve que le MLF a des choses intéressantes, avec tout un folklore extraordinaire, qui fait rire... Mais, au fond des choses, je me dis que c'est peut-être important ce folklore, avec des outrances inacceptables... Je suis sûr qu'il y a un tas de choses qui ont avancé en France depuis cinq ans, un peu à cause de ça... C'est peut-être sur les aspects sexuels que je suis le moins d'accord : la femme-objet, la femme pour le plaisir de l'homme ou cette négation du mâle... Ça ne me choque pas, mais je peux pas dire que je suis d'accord... (Jacques)

Par ailleurs, on reproche aux filles du MLF leur manque de féminité :

Ce n'est pas le genre de filles avec qui tu as envie de coucher, à première vue... La femme, telle que tu te la représentes à l'état normal, c'est l'être qui est physiquement plus faible, avec ses armes qui sont la douceur, un petit peu l'hypocrisie, le savoir-s'y-prendre, et puis une certaine coquetterie dans l'allure, dans l'habillement. Les militantes du MLF, moi je n'appelle pas ça des femmes... Le fait qu'on ait des rapports égalitaires, ça ne veut pas dire qu'on doit se niveler en tant que mâle ou femelle, c'est tout à fait autre chose... (Luc)

C'est que, s'il est assez facile d'accepter une remise en cause formelle quand il s'agit de réformes sociales, il est beaucoup plus difficile de reconsidérer tout son comportement sexuel, tous les stéréotypes sur la féminité que l'on a intériorisés dès l'enfance. Une fois admise l'idée de l'égalité dans le travail, il faut un effort pour accepter la redistribution des tâches et des rôles dans la vie commune. Et lorsque l'on a renoncé aux privilèges du pouvoir mâle sur ce plan, il reste encore à y renoncer dans la sphère du désir et des rapports sexuels : beaucoup s'y refusent, tout en acceptant la contestation sociale des mouvements de libération des femmes, en rejettent les « aspects sexuels », qu'ils considèrent comme peu sérieux, folkloriques, ridicules, sexistes à rebours... quand ils n'y voient pas une trahison de la lutte des classes.

La plupart des hommes « de gauche », qui se disent « assez favorables » à la libération des femmes, n'admettent pas de se voir contestés dans leur virilité et dans leur supériorité de fait. Ils ont alors beau jeu d'invoquer la lutte des classes contre la lutte de libération des femmes — précisément au moment où celle-ci pourrait les menacer personnellement. Ils refusent de se reconnaître un rôle d' « oppresseurs » vis-à-vis des femmes : « Quand même, ce n'est pas l'homme qui a foutu la merde dans l'histoire ! » s'exclame l'un d'eux, qui explique pourtant ainsi l'origine de la phallocratie : « C'est parce que l'homme n'est pas procréateur qu'il compense en prenant le pouvoir. » (Claude)

Les affirmations, souvent justes au demeurant, telles que : « C'est le système, et non les individus mâles, qui est responsable au premier chef de l'oppression subie par les femmes, c'est la société entière et non pas seulement les femmes qu'il faut libérer », servent trop souvent d'excuses aux hommes qui refusent de transformer dès aujourd'hui leur comportement avec les femmes.

Les militants et sympathisants des mouvements d'extrême gauche se disent en général partisans de la libération des femmes, mais on trouve fréquemment chez eux aussi des réticences, dans lesquelles il est difficile de discerner l'aspect politique de l'aspect personnel. L'un d'eux pense que « les solutions proposées par le MLF » ne sont pas toujours très bonnes et démontrent un manque de conscience politique, qu'il y a là souvent un terrorisme irréfléchi et stérile, que l'homosexualité féminine n'est pas une solution, etc. (Christophe)

Aux yeux d'un autre, il y aurait là « un boulot vaguement spécifique à faire », mais qui serait actuellement mal conçu, mal préparé, la « direction centrale du MLF » (*sic*) étant par trop coupée de la réalité de classe ; le seul bon travail serait celui de certains groupes de quartier, plus politisés ; sur le plan personnel enfin, « dans ce domaine, c'est un peu chacun pour soi et Dieu pour tous, c'est à chacun, filles comprises, de faire un pas ».

Ce serait un problème insoluble dans la société actuelle. Ces hommes-là comprennent, sympathisent, commencent même — le plus souvent sous la pression des femmes avec lesquelles ils vivent — à se remettre personnellement en cause, mais ne sont pas encore prêts, pour la plupart, à s'engager très avant dans une voie où ils pensent que les femmes vont trop loin.

Les hommes « féministes » ont aussi tendance à croire que le *machisme* et la phallocratie sont le problème des autres et qu'eux-mêmes en sont débarrassés. Ils connaissent bien le sexisme agressif du fasciste, le sexisme galant du play-boy, le « sexisme ordinaire » du Français moyen, le sexisme compensateur de l'ouvrier qui se venge sur sa femme et sur ses enfants des brimades dont il souffre à l'atelier, celui du travailleur immigré, victime de la frustration sexuelle et de la mentalité patriarcale héritée de sa culture d'origine. Mais dans les milieux politisés ou marginaux, comment ne serait-on pas « conscient », « libéré » ?

Qu'avons-nous de commun avec les sexistes de tous poils ? disent-ils. Nous ne regardons pas la télé pendant que nos femmes font la cuisine ou le ménage, nous ne restons pas les pieds sous la table pendant qu'elles nous servent ou, si même cela nous arrive, c'est seulement parce que l'éducation réactionnaire que nous avons reçue nous a laissé de mauvaises habitudes, ou parce que nous sommes malhabiles dans les travaux ménagers ; en aucun cas, bien sûr, nous ne considérons cela comme un droit du sexe masculin. Nous avons avec nos femmes et nos enfants des rapports libres et confiants, nous ne jouons pas au chef de famille, nous n'avons pas besoin de nous agripper à l'exercice de l'autorité pour avoir le sentiment d'exister. Nous ne sifflons pas les femmes dans la rue, nous ne les violons pas. Nous sommes partisans de la liberté de l'avortement et souvent, même, de la liberté sexuelle. Nous trouvons anormal le sort que cette société réserve aux femmes. Nous n'avons donc aucun trait commun avec le portrait-robot du phallocrate. Aussi, quand des femmes nous traitent de phallocrates, nous ne comprenons plus. La seule explication possible, c'est que tout mouvement de libération entraîne des excès et que ces femmes font du « racisme anti-mec ». Nous devons essayer de leur faire comprendre qu'elles se trompent de cible : ce n'est pas nous qu'il faut attaquer, mais le capitalisme.

Pourtant, entre le sexiste ordinaire et l'homme « libéré », la distance n'est pas si grande que le croit ce dernier. Quand un homme « féministe » rencontre un de ses copains qui ne l'est pas, c'est toujours au même vieux fonds d'évidences masculines, de considérations traditionnelles sur les femmes et de plaisanteries grassement sexistes qu'ils ont recours pour communiquer. Y a-t-il un militant qui se soit réellement fâché avec un ami, un voisin, ou un autre militant, à la suite de plaisanteries ou de comportements méprisants à l'égard des femmes ? Ceux-là mêmes qui n'hésitent pas à réagir, souvent violemment, devant une attitude raciste, reculent devant le risque de se brouiller avec un copain, ou même une simple connaissance, pour quelques propos ou attitudes sexistes : même si on ne les reprend pas à son compte, on les laisse passer. Ça fait partie du quotidien, des rapports habituels entre les hommes. On pense que tout cela peut se discuter de façon amicale et sereine, que souvent certaines expériences douloureuses avec les femmes expliquent bien des retards dans la prise de conscience. De plus, s'il fallait se formaliser de tous les propos et comportements sexistes, on n'en finirait pas ! Et l'on risquerait vite de se voir exclu de la communauté masculine, aussi nécessaire pour le travail que pour la détente ou pour la recherche de partenaires féminines, et qui est en fait régie par le sexisme ordinaire. On pourrait aussi souligner le grand nombre de réunions, politiques ou autres, dans lesquelles les hommes gardent, grâce à leur habitude de la parole ou à leur agressivité, le monopole du crachoir. Les femmes qui sont là, même « libérées » ou « en voie de libération », se voient confinées dans un rôle muet de béni-oui-oui, pendant que leurs mecs débattent des grandes vérités.

Il ne suffit donc pas d'avoir un mode de vie marginal, de participer aux travaux ménagers, voire de militer aux côtés des femmes dans un mouvement comme le MLAC, pour mériter un imaginaire brevet de non-sexiste ; aussi les féministes sincères se demandent-ils dans quelle peau il leur faudra se glisser pour échapper à la culpabilité. Certains, se découragent, se demandent si, après tout, l' « être-homme » ne serait pas une sorte de péché originel, si la phallocratie ne serait pas inscrite dans les chromosomes, comme toute une littérature « scientifique » incite à le penser à propos de l'agressivité ou de la volonté de domination. A moins encore que, le sexisme étant lié à la nature de notre société capitaliste, on ne puisse rien y faire avant que celle-ci ne cède la place à une autre. auquel cas il ne reste qu'à plaider non coupable...

Les idées de libération des femmes, qui provoquent ainsi tant de stupeur, d'ironie, de crainte ou de malaise chez les hommes, se sont trouvées en conjonction avec tout un courant de pensée centré autour de la nécessité, sinon d'une véritable révolution sexuelle, du moins d'une libération. Ce courant d'idée a été ravivé par la réédition des œuvres de Reich, par les thèses d'auteurs comme Marcuse, par le mouvement communautaire. Dans le même temps, l'emploi des méthodes contraceptives modernes semblait ouvrir la voie à une sexualité libérée de l'étouffoir de la pro-création.

Profitant de l'impact sur le public des thèmes tournant autour d'une sexualité plus « libre » et de la quasi-carence des organisations politiques ouvrières sur ces sujets, une nouvelle idéologie sexuelle de type « libéral » est apparue en force. Des magazines spécialisés, genre *Union*, une partie de la presse féminine la plus classique, des émissions radiophoniques commencent à déculpabiliser leurs lecteurs ou leurs auditeurs. De façon limitée, bien sûr, mais on peut tout de même y voir (malgré bien des nuances et un respect intact pour le mariage) la masturbation, les rapports sexuels extra-conjugaux, les fantasmes, les perversions et la bisexualité présentés comme parfaitement légitimes.

Ce réformisme en matière de sexualité s'oppose à la vieille morale sexuelle conservatrice. Il correspond aux nouvelles nécessités dictées par la vie dans une démocratie bourgeoise « avancée ». Mais il se borne à aménager les aspects les plus criants de l'ordre antisexuel ancien. Il touche aux formes, mais laisse intact le contenu. Si la contraception (encore si peu diffusée...) dissipe leur crainte de tomber enceintes, elle ne suffit pas à empêcher les jeunes filles de vivre leurs rapports sexuels dans la culpabilité et à effacer la castration qui leur a été infligée dès l'enfance. Les parents continuent à interdire à leurs enfants l'accès à une vie sexuelle épanouie au-dessous d'un certain âge, et le réformisme tend seulement à abaisser ce seuil de quelques crans : on continue à parler de l'âge à partir duquel il est « légitime » d'avoir des rapports sexuels et non de la légitimité des désirs indépendamment de l'âge.

Cependant, l'idéologie réformiste ou libérale ne propose plus un système d'interdictions et de coercition brutale. Elle tend à le remplacer par la manipulation et la persuasion des individus, auxquels on permet davantage à condition qu'ils se montrent raisonnables et n'en demandent pas trop, qu'ils continuent à respecter les institutions et les bonnes manières. On ne dit plus : tu ne baiseras pas, mais : baise si tu peux, et selon les nouvelles normes.

Dans le même temps, on ne fait rien, bien sûr, pour changer les conditions désastreuses dans lesquelles les adolescents vivent leur sexualité : manque de lieux adaptés, d'information réelle sur le plaisir, maintien des valeurs du couple, de la fidélité et de la famille. La frustration sexuelle reste la règle, alors que les images érotiques et pornographiques deviennent de plus en plus envahissantes. La masturbation, même réhabilitée, demeure bien souvent la seule compensation. Trouver un partenaire sexuel adéquat est toujours aussi difficile. Les lieux et les occasions de rencontre se font de plus en plus rares dans un paysage urbain de tours de luxe ou de HLM. Les individus, de plus en plus seuls et incapables de sortir de leur solitude, n'arrivent pas à satisfaire leurs besoins d'échanges et de communication.

Cette « libération sexuelle » selon la nouvelle morale réformiste ne change pratiquement pas les rôles et les relations entre les sexes. Mais ceux qui ont essayé de vivre une libération sexuelle réellement révolutionnaire se sont souvent trouvés pris dans un certain nombre de pièges. Un débat nouveau s'engage d'ailleurs à ce sujet dans la presse contestataire : *Libération, Marge*, journaux de groupes MLF, etc. [1]. Certaines militantes font l'analyse suivante : elles se sont trompées de libération, elles ont cru à une pseudo-libération sexuelle qui, finalement, profite surtout aux hommes. Dans les communautés, elles se sentent devenues la propriété de tous les hommes au lieu d'un seul : restées, comme par le passé, une propriété, un objet. Dans les couples, si les hommes sont plus à même de profiter des aventures, elles-mêmes restent prisonnières de leur besoin de stabilité affective, donc plus attachées à une relation privilégiée (sans compter le soin des enfants et du ménage, qui continue à leur revenir en priorité et les rend moins disponibles, moins libres que leurs conjoints). Elles ont essayé de refouler leur jalousie, de la nier (tout en continuant à en souffrir), par peur de passer pour des petites bourgeoises « coincées ». Il faudrait être prête à baiser avec tous les hommes « libérés », et la tendresse n'y trouve plus son compte. Cette liberté sexuelle, elles la trouvent aliénante. Elles n'arrivent pas à la vivre, mais font « comme si ; ou alors elles s'habituent à accepter une incartade de l'amant attitré à condition que celle-ci reste « purement physique ». C'est-à-dire que, par rapport à une relation privilégiée, les autres femmes restent

---

1. On s'est peut-être trompé(e) d'histoire d'amour... mais on s'est aussi trompé(e) de libération ! », *Rouen-Libération*, décembre 1974.

des « bouche-trous » sans importance, simples soupapes de sécurité qui permettent de satisfaire à peu de frais les désirs de changement sexuel du partenaire. Et, finalement, ce mépris des hommes pour les femmes qu'elles ont ainsi indirectement cautionné, ce mépris qu'elles éprouvent elles-mêmes pour leurs « rivales », elles le trouvent inacceptable, car une telle attitude va à l'encontre de la libération de la femme.

Parce que les femmes sont moins libres, moins préparées à une vie sexuelle diversifiée, la libération sexuelle profite surtout aux hommes. Il y en a même qui « reconnaissent » les injustices de la condition féminine pour au fond mieux séduire les femmes. Dans un petit milieu, vite constitué, un homme qui s'affiche féministe et libéré aura une bonne image et des conquêtes faciles. A la limite, la vieille rivalité entre femmes renaîtra pour conquérir cet oiseau rare...

Quand celles qui n'ont pas choisi d'être exclusivement homosexuelles décident de coucher avec d'autres hommes, elles sont souvent violemment rejetées par leur amant attitré, beaucoup moins compréhensif en fait qu'en théorie. Aussi peuvent-elles se demander si elles ne sont pas, une fois de plus, les dindons de la farce. Le piège est ici, entre autres, qu'on leur demande de prendre une mentalité d'homme, de se conduire sexuellement avec la même distance que les hommes, en leur disant : « Si tu ne baises pas avec moi, alors que tu te prétends libérée et que tu prends la pilule, c'est que tu n'es qu'une petite conne refoulée. »

Cependant, si ces pièges sont réels, le véritable problème n'est pas abordé dans ce débat. En effet ce qui sous-tend toutes ces questions, mais reste implicite, inexprimé, c'est la continuité de l'attachement à la relation de couple, plus ou moins calquée sur le modèle du couple marié. Sans analyse de ce que signifie l'attachement à un idéal amoureux aussi particulier, le débat ne peut que tourner en rond. Comment un tel modèle s'est-il imposé en chaque individu ? Comment est-il lié à l'ensemble des conditionnements idéologiques spécifiques à chaque sexe ? Quelle fonction sociale remplit-il finalement ? Faute de pouvoir répondre à ces questions, les femmes en arrivent parfois à revenir en arrière, à dire : pour pouvoir lutter, il nous faut nous sentir bien dans notre peau et, pour cela, continuer à vivre avec les hommes des rapports fondés sur la sécurité affective — ce qui signifie, en fait, sur la pérennité du couple monogame. Les hommes féministes de leur côté, de peur de se montrer phallocrates, souvent n'osent plus faire le premier pas pour entrer en contact avec une femme « libérée ».

Ils se rabattent alors sur les autres, non sans se sentir insatisfaits en constatant leur attachement aux vieilles conduites féminines, et culpabilisés en les voyant subir passivement leur « domination ».

Est-il possible de sortir de ces contradictions ? Une analyse de l'idéologie aliénante qui régit les comportements sexuels est indispensable à qui veut s'en affranchir et inventer de nouveaux rapports humains.

Une première recherche avait montré l'importance du mythe amoureux dans la formation idéologique des femmes [1]. Il restait à voir ce qu'il en est pour les hommes : que signifie pour les hommes d'être des hommes, aujourd'hui, dans notre société ? Quelles représentations se font-ils de leur nature, de leur rôle, de leur destin ? Comment ont-ils acquis leurs idées « personnelles » sur les femmes, le sexe, le mariage, la famille, « la vie » ? Comment ont-ils intériorisé ces idées, comment les transmettent-ils à leurs enfants ? Et, si tout cela forme un ensemble idéologique cohérent, quelles en sont l'efficacité et la portée sociales ?

Pour mener à bien cette entreprise, nous avons voulu étudier nous-mêmes ce qu'il en était dans la réalité et nous avons mené une enquête, en enregistrant les interviews, aussi non directives que possible, de 32 hommes d'origine sociale et géographique, d'âge et de situation familiale très variés.

La prolifération des enquêtes « grand public » et des sondages d'opinion a accrédité l'idée que seule la sociologie statistique, quantitative, avait une quelconque valeur : on ne pourrait valablement analyser un phénomène social qu'en établissant des pourcentages et des échelles d'attitudes sur un échantillon très important de population. Mais ce genre d'enquêtes suppose que l'on sache déjà quel type de questions on va poser et qu'on dresse préalablement une typologie des réponses possibles. C'est-à-dire que l'orientation de questions, forcément assez précises, limite le champ des réponses et interdit de savoir si les problèmes se posent réellement dans les termes où l'enquêteur les enferme. Il serait bien sûr très intéressant de pouvoir mener une enquête quantitative sur les variations d'opinions et de comportements des hommes. Mais cela supposerait que l'on ait déjà cerné le contenu de l'idéologie masculine,

---

1. G. Falconnet, *Le Prince charmant ou la Femme mystifiée,* Mercure de France, 1973.

ce qui est le but de l'enquête qualitative ici utilisée. Notre échantillon ne peut permettre aucun calcul statistique ; en revanche, nous l'avons établi de telle sorte que (grâce aussi à la durée et à la liberté des entretiens) les positions idéologiques les plus diverses puissent s'y faire jour. Certes il existe sans doute des sexistes beaucoup plus virulents que ceux qui apparaissent ici, mais ceux-là refusent de s'entretenir de telles questions... De ce point de vue, notre échantillon est plutôt « gauchi » ; mais c'est le même modèle idéologique sexiste qui a présidé à l'éducation des hommes qui sont aujourd'hui les plus féministes et à celle des autres. La présence dans l'échantillon de plusieurs hommes fortement concernés par ces questions permet aussi de voir quels problèmes se posent à ceux qui essayent de se libérer de l'emprise du modèle sexiste. Et notre intention, dans cet essai, n'est pas de livrer un classique compte rendu d'enquête, n'intéressant que des spécialistes, mais d'éclairer nos conclusions les plus importantes en les rapportant à la réalité vivante d'hommes concrets.

C'est peut-être dans la publicité que l'on trouve la représentation sociale de l'idéologie masculine la plus frappante par sa cohérence et son exhaustivité. C'est pourquoi il nous a semblé intéressant de mener, parallèlement aux interviews, l'analyse critique d'un important matériel d'annonces publicitaires destinées aux hommes (400 annonces, parues principalement dans *le Nouvel Observateur* entre 1964 et 1974 et dans le magazine *Lui* entre 1972 et 1974). Nous avons aussi utilisé un certain nombre de journaux illustrés pour enfants, de livres scolaires, de cahiers d'écoliers, de catalogues de jouets, de textes de chansons en vogue, etc.

Notre constat pourra paraître parfois sombre, voire noirci pour les besoins de la cause. Nous tenons à préciser que, si nous nous reconnaissons en effet « partisans » (la neutralité n'étant ici ni souhaitable, ni possible), nous n'en affirmons pas moins que cette étude ne décrit rien d'autre que la réalité, et probablement pas la plus triste.

Notre dessein, au-delà d'une condamnation pure et simple de la phallocratie, était de donner des armes aux hommes désireux d'abandonner la parodie virile classique. Plus conscients de ce qui les aliène, peut-être pourront-ils envisager de poser les bases de rapports nouveaux — entre eux, avec les femmes, avec les enfants — sans se tenir déchirés entre des exigences contradictoires ni se contenter d'attendre le Grand Soir qui résoudrait tous les problèmes.

Puissance, pouvoir, possession

Si tu es un homme :
virilité et puissance

La publicité affirme, répète, martèle : c'est masculin, c'est viril. Un homme est viril. Utilisez ce produit parce que c'est un produit d'homme, un produit masculin, un produit viril.

La virilité semble une notion évidente : elle va de soi et s'impose à tous. Lorsqu'elle y fait explicitement appel, la publicité se garde bien de la définir — elle serait d'ailleurs souvent en peine de le faire : qu'est-ce qu'une *odeur virile,* une *élégance virile,* un produit *résolument, indiscutablement, profondément viril* ?

« Homme, habille-toi en homme », recommande le couturier *André Balzac* — qui a créé le style « masculin singulier ».

« Pour les hommes qui sont des hommes » la marque *Hom* a lancé toute une série de sous-vêtements à « la coupe virile », à « l'élégance virile », dont certains ont même « la silhouette en V... comme Viril ! On n'a pas fini d'en parler. Parole d'Hom ! ».

« Si tu es un homme, fume une cigarette d'homme ! » prescrit *Ducados.*

« Quel homme faut-il être pour aimer *Balafre* ? » demande *Lancôme.* « Un homme, tout simplement. Un homme dont l'élégance est une élégance d'homme. Un homme qui veut, pour sa toilette, des produits d'homme. Aimer *Balafre,* c'est aimer être un homme. » D'ailleurs, quand elles le croisent, « les femmes devinent tout de suite qu'il a choisi la virilité sans concession » — car il y a « autour de lui, quelque chose de fin, d'épicé, d'inéluctable... Ce quelque chose : *Balafre* ». Tout simplement !...

Et, « si vous n'avez pas peur d'être un homme », *Fabergé* a créé pour vous la ligne de produits de toilette *Go West.*

Toutes les publicités pour produits de toilette destinés aux hommes le disent : il faut être un homme *sur toute la ligne*, s'entourer d'une odeur *virile autant qu'étrange, virile et raffinée, résolument virile,* utiliser des produits *indiscutablement, résolument masculins,* les *plus masculins des produits masculins,* à des *doses d'homme...* en restant discret cependant :

> « Quand on est un homme, ce n'est pas la peine de le crier très fort. » (*Pullman de Dana*)

Ce terrorisme n'est pas qu'une simple méthode publicitaire, c'est sans relâche qu'il s'exerce sur les hommes :
— Sors, si tu es un homme !
— Sois un homme !
— Ça, c'est un homme !
— Des hommes qui sont des hommes, des vrais. Qui « en ont ».
— Un garçon ne pleure pas — et s'il pleure : hou, la fille !
Car il n'y a pas de moyen terme : si on n'est pas *un homme,* on est une fille, une mauviette, un efféminé. Moins que rien.

« Etre un homme », c'est avant tout *ne pas* se comporter comme une femme, *ne pas* être une fille, une gonzesse, une femmelette — quelqu'un qui « n'a pas de couilles ». C'est avoir les qualités opposées à celles des femmes, c'est être ce qu'elles ne sont pas et ne pas être ce qu'elles sont. Pour être un homme, un vrai, il faut veiller sans cesse à ne pouvoir être pris pour une femme, confondu avec les femmes.

L'univers des qualités, des couleurs, des formes, des odeurs est ainsi divisé en deux univers opposés, tranchés ; il faut prendre garde à bien rester dans la ligne, à ne pas se tromper d'univers... ni de savon, car l'usage d'un objet, d'une couleur, d'une odeur peut suffire à vous faire passer de l'autre côté :

> « Que des hommes se féminisent en utilisant des produits de femme nous paraît choquant. Et pourtant la plupart des hommes sont bien obligés de se servir chaque jour de savonnettes manifestement faites pour des femmes : couleur pastel, mousse caressante et parfum de fleur ! C'est quand même un comble... Voilà pourquoi des hommes ont décidé de créer *Tabac,* le premier savon de toilette indiscutablement masculin. »

Quelles sont donc ces odeurs, ces couleurs, ces qualités, ces caractéristiques *indiscutablement masculines ?* Tout cela semble en effet « indiscutable » : comme la rose, le rose est féminin, le tabac et le poivre sont masculins, cela va de soi... Les couleurs douces et claires, les courbes, le moelleux, le caressant, le soyeux, tout cela est pour les femmes. Aux hommes les couleurs franches ou sombres, le métallique, le sobre, le froid, le brut, le carré, le mordant, l'épicé. Le doux et le tendre d'un côté, le fort et le dur de l'autre.

Cependant, quand on entre dans le détail, rien n'est si simple. Ainsi, à propos de lavande et de citron, qui faut-il croire ? La publicité ordonnant :

> « Soyez un homme sur toute la ligne... Homme de romarin, de lavande et de citron, homme de poivre et de fumée... »
> (*Roger et Gallet*)

ou celle qui commande :

> « Laissez aux autres les parfums à la lavande où à la citronnelle... Si vous n'avez pas peur d'être un homme. » (*Fabergé*)

Et puis la laine, par exemple, n'est-ce pas moelleux, chaud, donc en principe féminin ? Et un pyjama, n'est-ce pas souvent soyeux, caressant ? Qu'à cela ne tienne : ce qu'il faut c'est maintenir une différence, une opposition entre le masculin et le féminin. Pour vendre de la laine aux hommes, on insistera donc sur son aspect *brut*, sauvage. Et on mettra l'accent sur la coupe carrée, virile, du pyjama, sur son élégance sobre, masculine. Ce qui importe, quoiqu'on prétende, ce n'est pas la *nature* des choses, c'est leur inclusion dans un univers, masculin ou féminin : même la rose pourra devenir un emblème masculin si on insiste sur sa fermeté, sa couleur ardente... ou sur ses piquants — alors qu'une rose épanouie, aux couleurs pastel, restera « féminine ».

Ce qui compte, donc, ce sont ces fameuses *qualités masculines*. Et la publicité pour hommes fait un grand usage d'adjectifs les exprimant : énergiques, intrépides, dynamiques, efficaces, audacieux, décidés, résolus, vigoureux, francs, carrés, logiques, maîtres d'eux, sûrs d'eux et de leur force, pleins de caractère et de mordant, *puissants* surtout : tels sont les hommes et les produits qui leur sont destinés.

Les rédacteurs publicitaires ont d'ailleurs à leur disposition dans la langue française une large gamme de termes louangeurs pour qualifier le masculin. Nous nous sommes livrés à un petit jeu de piste à travers le dictionnaire pour déterminer l'environnement sémantique des mots : *mâle, homme, masculin, viril,* et avons obtenu ainsi deux tableaux éloquents :

Actif, adroit, aguerri, ardent, armé, assuré,
AUDACIEUX, au-dessus du commun, aventureux, ayant de la volonté,
brave, capable, casse-cou,
costaud.

Courageux, crâne, décidé, déterminé,
DROIT, dur,
EFFICACE.

Énergique, entreprenant,
FERME, fier.

Fort et franc. Gaillard, généreux,
grand.

Hardi, héroïque, important, imposant, indomptable, influent, insolent
intelligent, intense,
intrépide, invincible, irrésistible.
Libre, loyal, magnanime, majestueux,
noble.

Puissant, probe, résistant,
RÉSOLU,
risque-tout,
ROBUSTE, sain,
sans-peur, séducteur, sincère,
solide, stoïque, sublime, talentueux.
téméraire, terrible,
vaillant, valeureux.

Vigoureux,
violent.

Viril en un mot, voilà l'**Homme.**

(Pour établir ces tableaux nous avons relevé, dans les articles du *Petit Robert* consacrés à ces quatre mots, les termes qui apparaissaient soit dans la définition, soit sous forme de renvoi ou d'exemple ; nous avons fait le même travail sur les termes ainsi obtenus et, pour connaître l'environnement « néga-

qui ne saurait être :

alangui,
amolli, apathique, banal,
chétif, couard,
craintif.

DÉBILE, délicat, dégonflé, désarmé,
docile.

DOUX

Faible.
FRAGILE, frêle, froussard.

Hésitant, ignorant,
inactif, incapable,
indolent,
inefficace, inopérant, insignifiant,
irrésolu.

Lâche, languissant,
malingre, médiocre,
mesquin, mièvre.

Mou, nul, passif,
paresseux,
PETIT.

Peureux,
poltron, pusillanime, soumis,
tendre, terne

Timide,
TIMORÉ,
trouillard,

c'est-à-dire : **efféminé, impuissant.**

tif », relevé également les antonymes de ces termes. Ainsi, « mâle » renvoie
à « énergique », « énergique » à « efficace », et ces termes s'opposent à
« efféminé », « faible », « indolent », « inefficace ». Les différents caractères
employés dans les tableaux indiquent les fréquences d'apparition.)

Il y a ainsi le positif, le valorisé :

HOMME

A. Etre humain mâle (...)

Spécialt. L'homme considéré comme possédant les qualités de courage, de hardiesse, de droiture propres à son sexe. *Ose le répéter, si tu es un homme !*

« *Si tu es un homme, tu sortiras seul avec moi.* » (Mac Orlan). *Parole d'homme.*

B. Etre humain mâle et adulte (...)

2. Garçon moralement adulte. *Ne pleure pas ! Sois un homme !*

VIRIL

2. Qui a l'appétit sexuel d'un homme normal.

3. Qui a les caractères moraux qu'on attribue plus spécialement à l'homme : actif, énergique, courageux, etc.

MÂLE

II. 3. Qui est caractéristique du sexe masculin : force, énergie. V. **courageux, énergique.**

4. Dont la force, la vigueur évoquent l'homme dans ce qu'il a de meilleur. V. **fort, hardi, noble, vigoureux.**

MASCULIN

Qui est propre à l'homme. *Courage masculin.*

Et puis le négatif, le péjoratif :

FEMME

1. Tout être humain femelle (...)
« *O femme ! femme ! femme ! créature faible et décevante !* » (Beaumarchais) *Femme cruelle, insensible, inconstante.* « *Souvent femme varie, bien fol est qui s'y fie* » (Hugo) ...

2. LA FEMME (collect.) : l'être humain du sexe féminin.
(En attribut) *Elle est femme, très femme :* elle a tous les caractères qu'on reconnaît ou qu'on prête aux femmes. « *Elle est femme dans toute l'acception du mot, par ses cheveux blonds, par sa taille fine... par le timbre argentin de sa voix.* » (Gauthier)

3. (...)

4. BONNE FEMME. *Remèdes de bonne femme.* « *Reléguons cette idée puérile avec les contes de bonne femme.* » (Laclos)... *Une sale bonne femme.*

5. (Qualifiée, au physique, au moral, etc.)

— Physique : *Femme grande et maigre* (pop. bringue, échalas, sauterelle), *forte, opulente, plantureuse, robuste* (cheval), *d'aspect viril* (dragon, gendarme). *Femme petite et grosse* (bombonne, pot, tonneau). *Grosse femme mal faite* (pop. boudin, dondon, grognasse, pétasse, pouffiasse). *Raisonnement de femme soûle, absurde.* (...) *Une jolie femme fraîche, jeune et bien faite,* (pop) *bien balancée, bien roulée.* V. **Poupée, tendron** (pop. gosse, môme, nana, pépée, souris). *Femme qui a du chien, du « sex-appeal ». N.B.* On emploie plus souv. FILLE, dans ces contextes.
— Moral : *Femme candide, ingénue. Une faible femme... Femme coquette, provocante. Femme facile.* V. **Coureuse, demi-mondaine, fille, gourgandine.** *Femme entretenue. Femme de mauvaise vie, vénale.* V. **Courtisane, fille, prostituée.**

Si on reconnaît aux hommes des caractères moraux, c'est avant tout à des qualités physiques qu'on reconnaît les femmes qui le sont « dans toute l'acception du terme »... et l'appétit sexuel *normal* reste bien sûr masculin !

Le mythe de la supériorité masculine se traduit et s'enracine dans le vocabulaire — car s'il importe que l'on puisse distinguer le masculin du féminin, il importe aussi, et sans doute avant tout, que le masculin l'emporte sur le féminin...

Cette image des qualités masculines et de la virilité que reflètent et proposent la publicité et le dictionnaire, apparaît aussi dans le discours des hommes interviewés. Mais si les caractéristiques du masculin, comme celles du féminin, leur paraissent généralement évidentes, indiscutables, ils ont en fait beaucoup de mal à les définir avec précision. C'est que, pour la plupart, ils vivent sur des évidences acceptées sans examen ; c'est aussi que l'expérience de la vie dément en partie ces évidences et que, dès lors, ils ne peuvent plus les reprendre à leur compte avec la même assurance :

> Les hommes sont plus courageux... Du moins, on le dit, car l'expérience prouve que c'est faux... (Jacques)

Aussi, lorsqu'ils s'efforcent de définir ce qui leur semble évident, les hommes hésitent : l'homme viril, est-ce « le costaud aux gros bras » ou « celui qui a un phallus et qui sait s'en servir » ? Est-ce celui qui est capable de « tirer plusieurs coups » ou de satisfaire beaucoup de femmes — ou avant tout l'homme courageux, maître de lui, qui n'est pas « une poule mouillée », qui sait se défendre ?

Puissance musculaire, morale, sexuelle — le cocktail varie selon les interviewés : l'ingénieur ambitieux privilégie la puissance morale, le sens des responsabilités, les qualités de commandement :

> Il y a l'aspect physique, la résistance, la force, l'endurance, le goût du risque... Mais surtout, ... c'est plus moral : un type très droit. L'homme viril, c'est le chef d'abord. C'était le père sans doute, au début, puis c'était le chef, c'était mon chef scout... (Jacques)

Le jeune paysan, lui, voit avant tout dans la virilité la puissance physique et sexuelle :

> L'homme viril, c'est celui qui n'est jamais crevé... pour coucher avec une fille ou pour démonter une maison... (Ludovic)

Un collégien catholique, fils de commissaire de police, angoissé par l'avenir de chef de famille qui lui apparaît comme le seul possible, dévalorise l'affirmation de la virilité physique et sexuelle, en conteste les aspects les plus brutaux, les plus ostentatoires et prône au contraire une virilité « morale » et « défensive » :

> Ça dépend où on place la virilité... Il y en a pour qui un homme viril, c'est celui qui a des biceps, qui est le caïd, le dur des durs, le play-boy, celui qui roule des mécaniques dans la rue. Moi, je n'appelle pas ça être viril. Moi, je trouve les hommes virils, les Don Juan, complètement idiots ; ils n'ont aucun sentiment. Il n'y pas besoin d'être une brute pour faire un mâle ! Non, être viril, c'est savoir se montrer au bon moment, faire voir qu'on est l'homme, être capable de se faire casser la figure pour défendre ce qu'on aime. Moi, j'estime qu'on est un homme quand on vous dit de la fermer, et que, justement, on ne la ferme pas : pas s'obstiner, mais pas se laisser marcher sur les pieds, et se défendre si on commence à vous taper dessus.
> (Philippe)

Pour la plupart des hommes, être viril c'est être à la fois « fort, dur et puissant ». Toutefois, à propos de la puissance physique, les hommes n'arrivent pas à trancher vraiment : est-il nécessaire d'être physiquement fort pour être viril ? Cette indécision n'est pas accidentelle : on justifie souvent la suprématie masculine par le fait que les hommes sont en moyenne plus forts que les femmes. Certes, il y a des gringalets chétifs et des femmes robustes et musclées (des « chevaux », comme dit le *Petit Robert*...) mais la supériorité du gringalet tient à son appartenance au sexe dit « fort », et l'infériorité de la femme vient de ce qu'elle fait partie du sexe « faible ». Etre du côté du plus fort est bien, mais c'est encore mieux si cela apparaît juste. La force morale et les qualités viriles attribuées au « sexe fort » permettent cette justification : le gringalet, s'il est — ou se prétend — audacieux, énergique et courageux, sera fondé à dominer la femme musclée et robuste, mais passive et pusillanime — puisque femme.

Il y aurait donc des qualités masculines *naturelles* : les hommes croient à une nature mâle, à un éternel masculin, comme ils croient à une nature féminine, à un éternel féminin. Cette croyance est entretenue par toute une littérature « scientifique » qui proclame que tout est affaire d'hormones et de biologie et que l'inégalité des hommes et des femmes est — heureusement, selon les sexistes agressifs, malheureusement, selon les sexistes hypocrites —

aussi fondée en nature que leurs qualités respectives. La nature a bon dos... Ces prétendues qualités naturelles du mâle ne sont que celles qu'il est nécessaire de cultiver pour réussir dans un système économique et social fondé sur la concurrence et la compétition : ce sont des qualités de *jeunes loups.*

Un lycéen, fils d'ouvrier, s'interroge :

> La virilité ? Je ne sais pas... Telle qu'on la voit dans le monde d'aujourd'hui, il faut être brutal, c'est tout : quand on est brutal, on est viril. Il faut voir dans la publicité, c'est incroyable... « *Ultrabrite,* le dentifrice au goût sauvage... — Montrez les dents... — Attention, c'est un jeune loup, il fume *Narval...* » C'est aberrant ! C'est idiot, d'ailleurs, la virilité... Je ne sais pas qui tient les ficelles par derrière, ni pourquoi les publicités agissent sur les hommes... Je ne sais pas, ça flatte peut-être leurs aspirations, ça cultive leur petit amour-propre, ça les rassure peut-être aussi... (Christian)

Même si on se méfie de la notion de virilité, même si on la récuse, même si on voit en elle, comme certains interviewés :

> un concept aux prolongements culturels éminemment suspects, allant trop bien avec une idéologie de droite, militaro-conservatrice, fascisante (Didier),

on n'échappe pas facilement à son terrorisme, à l'obligation constante de se montrer *un homme.*

A une femme, on dit : *reste* féminine, garde ta féminité. A un homme, on ne dit pas : reste viril, mais bien : *sois* un homme. Deviens-le. Prouve-le. La féminité est un état naturel à préserver. La virilité, au contraire, n'est jamais acquise, jamais assurée. Il faut sans cesse la manifester.

Etre viril, c'est être PUISSANT.

Etre viril, c'est bander — que ce soit son sexe, ses muscles ou son énergie.

Etre viril, c'est bander. Je bande, donc je suis (viril) ... Mais quand je débande ?

Pour la plupart des hommes, être viril, sexuellement parlant, c'est avant tout pouvoir *faire jouir,* « satisfaire ➤ (ou le croire...). C'est pouvoir prouver, démontrer, affirmer ses qualités viriles, sa puissance. C'est jouir, aussi ; mais quand on jouit, on se laisse aller, on ne se contrôle plus, on n'est plus maître de soi. On débande. Et si on se laisse aller, si on ne se contrôle plus, si on débande... on n'est plus viril. Angoisse. Bandons vite à nouveau. Prouvons.

Car la Puissance, cela se mesure, mais sans avoir de valeur absolue. Cela ne se mesure que pour se comparer, n'a de valeur que relative. Et les petits garçons de mesurer, de comparer leur pénis. Et les hommes de dénombrer, de comparer leurs conquêtes, d'évaluer, de comparer leurs biceps, leurs scores, leurs gains, leur réussite, leur pouvoir...

Et toujours un petit garçon peut en avoir une plus longue, un copain peut en avoir « tombé » plus, et de plus jolies, un plus fort peut vous envoyer au tapis, un rival vous dépasser... Virilité, carotte de l'homme, qu'il poursuit sans cesse et qui sans cesse lui échappe. Alors, il « en remet », il roule (roule des mécaniques et roule sur la qualité...) ; il essaie d'en imposer et de s'imposer. Parfois il se détourne : cette carotte est trop verte, elle ne m'intéresse pas. Mais la carotte est toujours là à le narguer : si tu es un homme...

Alors il transige : je n'en veux qu'un bout, ce que je peux réussir à attraper, ce qui est à ma portée. Ou encore, il feint de ne pas la regarder et tente de s'en assurer par surprise, sans en avoir l'air. S'il échoue, il pourra dire : je n'en voulais pas. Mais elle échappe toujours et toujours le nargue...

Cela même s'il se croit hors d'atteinte, « libéré ». Car il faut se méfier des ruses de la virilité : elle ne sévit pas que chez les militaires, les flics et les fascistes. On la retrouve, à peine déguisée, dans les organisations et les mouvements d'extrême gauche, chez les « marginaux », dans les communautés... Sous les tuniques fleuries ou sous la veste militaire délavée, on joue au héros, au petit soldat, au dur, au grand chef. On met sa virilité où on peut : dans la guérilla, dans la musique pop, sur la route des Indes ou dans la constitution d'un harem baptisé « communauté » — mais on se garde bien de la laisser au vestiaire... On *en* a, on est audacieux, énergique, résolu, efficace, maître de soi, sûr de soi. On veut prendre le pouvoir, mais c'est pour faire triompher la Cause. Si on s'oppose, si on scissionne, si on se sépare, c'est par pure rigueur idéologique — et jamais, bien sûr, parce qu'il n'y a « pas de place pour deux crocodiles mâles dans le même marigot »... Et si l'on préfère taper sur les flics que taper un stencil, seul un esprit bien mal tourné pourrait voir là des relents d'idéologie virile, réactionnaire (à moins que l'idéologie virile ne cesse magiquement d'être réactionnaire quand elle affecte les militants ?).

Une vraie vie d'homme :
la recherche du pouvoir

Une vraie vie d'homme : le pouvoir sur le monde

> « Une vraie vie d'homme !
> Oui, c'est formidable une vie d'homme ! »

proclame une publicité pour after-shave, sur fond de pêche sous-marine ou de haubans, sur fond de mer et de muscles saillants.
Une vie d'homme : métro, boulot, dodo ?
Non point !
Une vraie vie d'homme : aventure, guerre, chasse, tempête, orage, feu, animaux sauvages, chevaux (« la plus noble conquête de l'homme »), sensations fortes, vastes espaces, déserts, océans, forêts, montagnes...
Une vraie vie d'homme : affronter, conquérir, chevaucher. Dominer, dompter, dresser. Faire face, faire front. Maîtriser, mener, soumettre. Agir, entreprendre. Vaincre.
Et, pour mieux se vendre, rasoirs, briquets, moteurs, slips, chaussettes, chemises, pantalons, savons à barbe, after-shave, eaux de toilette, parfums, déodorants, en appellent aux chevauchées fantastiques, aux orages déchaînés, mobilisent le Far West, la forêt vierge, les Vikings, les flibustiers, les jeunes loups, les requins et Tarzan.
Une vraie vie d'homme, dans la publicité comme dans les romans, c'est d'abord l'aventure. Mener une vie d'homme, c'est reculer les frontières de l'univers connu, affronter tous les périls et d'abord ceux de la nature. Les activités « qui comportent du risque, de la nouveauté, auxquelles on accorde une valeur humaine » et que l'on nomme Aventure [1], sont celles-là même qui ont permis l'expansion de la civilisation capitaliste occidentale, de

1. *Petit Robert.*

l'impérialisme : explorer, découvrir, conquérir, savoir risquer pour s'enrichir. Une vraie vie d'homme, c'est une vie d'explorateur, de conquistador, de capitaine d'industrie. Le goût de l'aventure, le goût du risque, c'est ce qui permet d'élargir son domaine (là où l'on domine) et d'augmenter sa fortune.

> « Retrouvez le goût de l'aventure. A même la peau... Si vous n'avez pas peur d'être un homme », propose la publicité pour la ligne de produits de toilette *Go West*. « Retrouvez le goût de l'aventure. Le parfum des grandes chevauchées et des galops fous. Tout ce qui fait que la vie des hommes s'identifie parfois à une vie d'homme. »

Est-ce un hasard si le nom choisi pour ce parfum évoque la conquête de l'Ouest qui a permis aux Blancs de dominer les Indiens et à la puissance américaine de s'établir ?

C'est la victoire sur l'océan qui a permis à partir du XVe siècle les grands voyages de découverte, le commerce avec les pays lointains, la colonisation de l'Amérique et plus tard des autres continents. Tout cela a fortement marqué la culture occidentale. Aussi n'est-il pas étonnant de voir la publicité exploiter les thèmes de l'aventure, des éléments naturels à dominer — et de voir, parmi ces éléments, la place prépondérante accordée à la maîtrise de l'océan, à l'affrontement de l'homme et de la tempête.

> « Déchirez la vague,
> Chevauchez l'écume. Domptez-la.
> *Evinrude*, c'est d'abord un tempérament
> Fougueux, débridé. Risque-tout.
> Pour vivre intensément.
> C'est cela l'Aventure. *Evinrude*. La puissance.
> Vivez l'aventure *Evinrude*. Nous sillonnons le futur. »

(Dans cette publicité pour un moteur de hors-bord, l'aventure s'étend même à l'exploration du monde futur, à sa prise de possession anticipée...)

Plusieurs publicités font appel au thème du pirate, du flibustier, ces « aventuriers des mers » qui ont participé à l'expansion coloniale occidentale et qui sont comme un archétype de l'homme capitaliste : dur, impitoyable, sans scrupules, s'enrichissant aux dépens d'autrui. L'aventure, l'océan, les voyages lointains, les trésors fabuleux, le risque, le danger les parent d'un halo prestigieux — prestige sur lequel joue la publicité :

« *Drakkar,* pour les hommes qui aiment la tempête, *Drakkar,*
née de la vague, une nouvelle ligne pour hommes, au goût
d'embruns et d'aventures. »
« ...Parfum d'aventure et de flibuste : *Tabac* fera sentir autour
de vous votre présence d'homme. »
« La *Matra* de Pirate... est faite pour les nuits froides, les
autoroutes brûlantes, les montagnes et les tempêtes. »
« Le *Galion,* la ligne de succès pour un homme. »

Et, dans le « reportage » publicitaire « Une journée avec la
nouvelle eau de Cologne *Monsieur Rochas* », dont « les notes
d'épices et de bois rares évoquent l'action et l'aventure lointaine »,
on peut lire ce chef-d'œuvre :

« Huit heures dix. J'ai pris une douche. Je débouche le flacon, je verse dans le creux de ma main droite. Commence
une friction énergique du visage, du torse, de tout le corps.
C'est fait : très grande, très forte impression. Je vous livre,
telle quelle, ma vision olfactive : des bûcherons ont abattu
d'énormes arbres exotiques et les écorces éclatées, les aubiers
blessés par les haches mêlent à l'oxygène de l'air leur parfum de bois rares. »

Dans sa salle de bains, M. Dupont — ou *Monsieur Rochas* —
est bien le maître du monde : dans les lointaines forêts tropi-
cales, que les explorateurs et les colonisateurs ont conquises pour
lui, les énormes arbres exotiques souffrent pour qu'il puisse ressentir cette très grande, très forte impression, cette « vision olfactive »...
La nature n'est plus inutile, une fois que l'ordre capitaliste
lui a été imposé ; plus rien ne se perd, tout concourt à la richesse
ou au plaisir de l'homme occidental : non seulement les matières
premières vont alimenter son industrie, non seulement les fleuves
coulent pour lui procurer de l'énergie, mais dans la forêt vierge
les fleurs ne vivent et les arbres ne meurent que pour sa jouissance...
Maître de la nature et des éléments, l'homme l'est aussi des
animaux. Malgré leur fougue, leur puissance, leur férocité, les
fauves, les pur-sang, domptés, dressés par lui, se couchent à ses
pieds, lui obéissent au doigt et à l'œil. Plusieurs publicités pour
automobiles ou pour motos font appel à ce thème de la domination absolue sur les animaux :

« LÂCHEZ LES CHEVAUX. Ils sont 85 qui piaffent sous vos stratégies de déplacement... Nous sommes à vos ordres ! » celui de votre main sur le court levier de vitesse du coupé *Simca 1200 S*. Contact. Accélérateur. La *1200 S* rue des quatre jantes et les chevaux obéissent au doigt et à l'œil aux Synchro *Porsche*. C'est la chevauchée fantastique : celle des 178 km/h et des 33 secondes aux 1 000 mètres départ arrêté. A l'entrée du virage, serrez bien la corde, et dès la ligne droite, lâchez les chevaux, inutile de pousser trop sur les intermédiaires. Ce sont des pur-sang dressés chez *Simca*. »

Une autre publicité pour la même automobile prévient :

« ATTENTION, VOITURE MÉCHANTE. C'est vrai, et la *1200 S* ne connaît que son maître. Mais avec lui, elle est docile, obéissante. Elle répond au moindre appel du pied de toute la puissance de ses quatre pistons... et bondit comme un félin. »

Les « 75 chevaux rageurs » de la Spitfire *Triumph* « n'attendent qu'un signe pour foncer » et

« sous le capot de la nouvelle *Alfa 2000,* 150 chevaux attendent que vous sonniez la charge. 150 chevaux de grande race, luxueusement harnachés, formidablement équipés... Un véritable escadron de cavalerie... de quoi vous faire réviser toutes vos stratégies de déplacement... Nous sommes à vos ordres ! »

La *Ford* Capri, elle, est

« UNE BELLE BÊTE. A l'arrêt, elle a quelque chose d'une bête de race. Sur route, elle en a la fougue... Un capot comme un nez de requin... bombé comme un mufle de bête sauvage, si délicieusement sauvage qu'on brûle d'envie de l'apprivoiser. »

Les motos *Kawasaki* sont des pur-sang, des bêtes incomparables, faciles à dompter malgré leurs paroxysmes inouïs : « des colosses feutrés, aux muscles géants... ».
Ce thème du dressage des animaux est invoqué pour faire désirer — et acheter — de nombreux produits. En buvant une « boisson fauve », l'homme ne boira pas seulement de la bière, il pourra se croire dompteur, Tarzan (« Tout seul dans votre salle de bains, vous prenez-vous pour Tarzan ? » interroge une « anti-publicité » pour produits de toilette), il pourra se croire jeune loup, féroce, invincible, supérieur, « maître incontesté ». Il sera

le chasseur héroïque qui se fait photographier dans la forêt vierge, le pied modestement posé sur la dépouille du lion qu'il vient d'abattre au péril de sa vie...

Tout cela en buvant de la bière, en se parfumant « d'eau sauvage », en utilisant un savon qui sait « apprivoiser la barbe », en portant des slips à la « fibre surprenante, une sorte de croisement entre le tigre et le coton », ou s'il en a les moyens, en s'offrant des skis « sauvages » :

> « Attention, ce ski est un fauve. Avant de le chausser, soyez sûr que vous pouvez le dompter. » (Skis *Olin Mark II*)

Avec le produit, le consommateur achète l'illusion de la puissance, de la maîtrise absolue du monde et des choses.

Mais mener une vraie vie d'homme, ce n'est pas seulement dompter les éléments et les animaux, c'est aussi affronter son semblable, l'autre mâle, les autres mâles : le monde des hommes est aussi celui des armes, de la guerre, de la compétition et de la lutte pour le pouvoir.

Les publicités pour les rasoirs, les briquets — parfois aussi pour les produits de toilette — font appel aux notions d'agressivité, d'attaque, de victoire, au symbolisme des armes.

C'est ainsi que chaque matin, au-dessus du lavabo ou de l'évier, se déroule entre l'homme et sa barbe un combat fantastique, démesuré, un duel formidable, une bataille farouche, un affrontement gigantesque :

> « Chaque matin, c'est le même duel. L'adversaire... vous le connaissez bien ! Pour le vaincre, armez-vous de la meilleure lame. Une lame de la même trempe que les fameuses épées *Wilkinson*. Elles font la loi depuis deux siècles... tranchante comme un sabre longuement affûté, la lame *Wilkinson* rase d'un coup d'un seul les barbes de fer les plus belliqueuses... la lame est scellée une fois pour toutes à l'angle de coupe idéal entre deux boucliers de sécurité. »

Quelques centimètres carrés de peau piquante deviennent un champ de bataille, « un terrain irrégulier, difficile à suivre » ; ce ne sont plus quelques millimètres de poils rasés par un petit appareil qui tient dans une main : ce sont des baobabs géants, déracinés, renversés par des machines fabuleusement puissantes s'avançant à travers la forêt tropicale... Ainsi s'avance le nouveau *Braun Synchron* — « la caresse d'un fauve » :

« Au premier contact, ce n'est plus un rasoir. C'est puissant, doux, presque animal... Pour vous raser de plus près, *Braun* a créé une grille unique, infaillible, extrêmement souple. Et c'est important car votre visage est un terrain irrégulier. Difficile à suivre... Alors le *Braun Synchron* a une grille avec des fentes pour les poils longs et des alvéoles pour les poils courts. 2 100 en tout. Disposées en étoile. Et à l'intérieur de chaque trou il y a 18 microlames tranchantes. 38 000 plans de coupe. Avec un système aussi perfectionné AUCUN POIL N'EN RÉCHAPPE.

« Sous la grille se trouve le bloc couteau. 36 lames en acier suédois. 72 000 actions de coupe par seconde. Et pour faire fonctionner tout cela parfaitement, au cœur du *Braun Synchron,* un moteur puissant. Robuste. Vous ne risquez pas la panne. Vous risquez seulement d'être étonné. Parce que l'action du moteur *Braun Synchron* s'amplifie selon la résistance de votre barbe. Plus elle est dure plus il développe de puissance pour la couper. LA CARESSE D'UN FAUVE. AUCUN POIL N'EN RÉCHAPPE. »

Nous retrouvons ici, associé à celui des armes, le thème des animaux sauvages, ainsi que la notion de puissance, la précision et l'emphase techniques que nous avons déjà vus développés dans les publicités pour automobiles ou pour motos.

Cette précision technique manifeste la puissance et l'invincibilité de l'objet. Elle renvoie aussi à l'idée que ce qui est technique, mécanique, relève du domaine masculin : les publicités destinées aux hommes insistent sur les caractéristiques techniques des produits et sur leurs performances, tandis que les publicités destinées aux femmes mettent l'accent sur l'utilisation pratique de ces mêmes produits, sur leur insertion dans le cadre de vie, sur leur côté commode et esthétique. La vaisselle ne devient une « affaire d'homme » que lorsque apparaît le lave-vaisselle. Les femmes, c'est bien connu, ne comprennent rien à la mécanique :

« Rappelez-vous, vous l'aviez achetée pour votre femme. Vous aviez déclaré : " Ma chérie, c'est la voiture qu'il te faut. C'est la voiture idéale pour une femme. Le moins qu'on puisse dire, c'est que tu n'es pas un génie de la mécanique "... Et un matin sur deux, en invoquant les motifs les plus variés, c'est vous qui partez au volant de la *Coccinelle.* Comme si vous, un homme, vous ne saviez pas vous garer. Ou comme si vous, un homme, vous n'y connaissiez rien en mécanique. » (Les femmes s'y connaissent si peu en mécanique que « l'hiver, les femmes soi-

gneuses posent une couverture à l'avant de leur *Volkswagen*.
Alors que le moteur se trouve à l'arrière ».)

L'agressivité est imposée aux hommes comme une valeur fondamentale, un certain nombre de publicités l'attestent : le rasoir
Remington est « l'ennemi personnel de votre barbe ». Le *Schick
Injector* — qui « préfère les traits énergiques » des « visages
mâles » — « s'arme comme un revolver à l'aide d'un chargeur
automatique ». Le rasoir *Sunbeam* s'appelle « the fist » : le
poing, et sa « crosse » vient se loger au creux de votre paume...
    Les briquets sont des succédanés de revolvers : « sobre, fonc-
tionnel, noir comme une arme » est le briquet *Braun*. Le briquet
Ronson est un « automatique » (et l'illustration évoque également
l'idée de revolver). « Feu ! Il n'y a pas de meilleure façon de
faire feu », s'exclame *Feudor*. « Feu à volonté. »
    Les after-shave et les produits de toilette proposent de « ri-
poster au feu du rasoir et de ses agressions sournoises » : « Le
rasoir attaque votre peau. Défendez-la. On vous tend une arme
défensive. » Profitez-en. L'eau de Cologne est une « arme silen-
cieuse » et les produits de toilette un « cocktail explosif ». Les
skis sont une « arme absolue », les automobiles sont « agressives »
ou « batailleuses », ce sont des « escadrons de cavalerie » qui
doivent « gagner la bataille des rues ». Et ainsi de suite...
    Certes, la publicité destinée aux femmes fait parfois appel au
symbolisme des armes, mais celles-ci sont alors moins associées
à la notion d'agressivité qu'à celle de séduction : il s'agit, dans
le cadre de la « guerre des sexes », de séduire, de charmer
un homme et de se l'attacher. Les armes féminines sont des parures
du corps, quand les armes masculines en sont des prolongements.
Les premières sont destinées à attirer le regard, les secondes à
manifester et à assurer la puissance sur le monde et sur les autres.
    La publicité radiophonique pour *Vetyver* de *Guerlain* offre un
condensé remarquable des thèmes généralement exploités pour
évoquer la vraie vie d'homme et les qualités attribuées aux hommes :

> « la *FORCE* du *baobab*
> la *PUISSANCE* d'une *houle*
> la *VIGUEUR NERVEUSE* d'un *poignard*
> un VISAGE D'HOMME, *INTRÉPIDE* et *NOBLE*
> la *RAPIDITÉ* de la *flèche* qui part et talonne l'*espace*
> un corps sachant *SE VAINCRE*
> une *sève* nouvelle »

Nous retrouvons dans cette publicité :
— le « terrorisme » de la virilité : « un visage d'HOMME » ;
— les qualités « masculines » fondamentales : *FORCE, PUIS-SANCE, VIGUEUR, INTRÉPIDITÉ, MAÎTRISE DE SOI, NO-BLESSE*[1] ;
— les éléments à dominer : *houle, espace, baobab, sève* ;
— les armes *(poignard, flèche)*, qui renvoient au monde de la jungle et de l'aventure comme le fait toute cette publicité.
Mais nous ne sommes plus à l'époque de l'expansion coloniale et les valeurs considérées comme inséparables d'une vraie vie d'homme (aventure, conquête, agressivité, domination) s'investissent aujourd'hui dans d'autres domaines : le monde des affaires, le monde du sport.

Une vraie vie d'homme : le pouvoir social

> « C'est le moment de conclure cette affaire, de signer ce contrat. On se veut résolu. Prêt à tout. Sûr de l'emporter. Et la cigarette a déjà un goût de victoire. »

Le costume *André Balzac* que porte cet homme d'affaires y est certainement pour quelque chose, affirme la publicité : c'est un costume fait pour un « homme d'aujourd'hui ».
L' « homme d'aujourd'hui » porte des vêtements d'homme d'action pour affronter les longs conseils d'administration et les voyages en avion. Car il est souvent en avion. Et il aime ne dépendre de personne, sinon du vent et du soleil, seul dans son petit avion. Il va souvent aux Etats-Unis. Il avait d'ailleurs pris l'habitude de s'approvisionner en produits de toilette là-bas et, s'il n'y fait pas un saut en avion pour aller acheter un flacon quand il en manque, ce n'est pas que ça lui coûterait trop cher, c'est qu'il est trop occupé. Aussi, pour qu'il n'ait pas à se déranger, son parfumeur lui fait-il régulièrement envoyer ses produits de toilette en France.

---

1. Noble est le seul qualificatif pour lequel le *Petit Robert* établisse un renvoi réciproque avec mâle. A noter, par ailleurs, que la nervosité est une « qualité » féminine (négative) lorsqu'elle est synonyme d'émotivité, de tension psychologique, mais qu'elle devient une qualité masculine (positive) lorsqu'elle signifie : « qui a du nerf, de la force active, de la rapidité », et renvoie alors à vigueur.

Qu'il utilise ces produits de toilette est tout à fait normal, car ils
sont faits pour les hommes qui, comme lui, aiment le succès, les
hommes qui aiment réussir [1].

Il pourrait utiliser, tout aussi bien, d'autres produits de toilette : ceux qui sont le signe auquel se reconnaissent les hommes
nés pour vaincre, ceux qui accompagnent la réussite de l'homme
qui sait gagner la course de la vie, ceux qui signent la toilette de
l'homme d'envergure ou même ceux qui sont une nouvelle façon
de vouloir réussir sa journée — pour les hommes qui ne laissent
rien au hasard, qui savent se préparer et mettre toutes les chances
de leur côté. Il n'est pas un homme ordinaire, aussi laisse-t-il
aux autres les parfums à la lavande ou à la citronnelle et n'em-
ploie-t-il que deux gammes de produits de toilette pour hommes,
qui ont en commun les distances qu'il faut mettre avec les goûts
ordinaires [2].

Il a le choix de ses parfums, il a aussi le choix de ses voitures et sait montrer par là qu'il est un homme qui dirige, qui
sait se faire servir, obéir. Quand il ne se déplace pas en avion, il
pilote une Simca 1200 qui, docile, obéissante, répond au moindre
appel, ou mieux encore, une *Matra* de Seigneur, insolente de
supériorité, qui n'est pas faite pour tout le monde : il faut, comme
lui, aimer le luxe, le confort.

S'il préfère le plaisir de la supériorité discrète, il choisira une
Primula Autobianchi, élégante, raffinée. S'il ne veut pas passer
inaperçu, il roulera en *Ford Capri,* puisqu'il est de ceux qui aiment
la vie. S'il veut que sa volonté soit servie par sa voiture comme
par son propre corps, il optera pour la *BMW.* Enfin, puisqu'il est de
ceux qui préfèrent la vie avec ce rien d'excitation et de plaisir
qui change tout, *Alfa-Roméo,* qui est à ses ordres, lui apportera
les plaisirs pour lesquels il est né. A moins, puisqu'il est aussi de
ceux qui mènent le monde, qu'il ne le traverse en *Lancia.*

S'il a soif, il boit un *Schweppes* Indian Tonic qui s'appelle
Sahib (cela se traduit par Seigneur : n'est-il pas le maître incontesté ?) ou encore une bière *Champigneulles,* puisqu'il fait partie
des hommes qui vivent « plus fort ».

Il possède un transistor *Superprestige,* car même en plein safari,
au pied du mont Kilimandjaro, il n'accepte le tête-à-tête qu'avec la
terre entière. Parce qu'il peut tout s'offrir.

1. Ce « portrait » est un collage de messages publicitaires (*Velfrance
Tergal,* chaussures *Salamander,* produits de toilette *Braggi*).
2. Publicités pour *That Man, Monsieur Worth, Equipage d'Hermès, Gibbs
Sport, Fabergé, Rochas.*

Cet homme qui peut tout s'offrir est un homme qui décide, qui exige, qui sait choisir. Et il aime le choix, parce qu'il sait décider. Il sait ce qu'il veut et comment il le veut. C'est pourquoi il choisit les vêtements sur mesure *Sigrand*, des vêtements qui sont à la mesure de l'homme élégant. Il les choisit parce qu'il choisit sa propre élégance pour sa propre personnalité, comme il choisit ses opinions, ses disques, le film à voir, son tabac, son eau de Cologne ou... sa femme. *Brummel* lui permet d'être classique sans être comme les autres. Il porte aussi *Capital*, un pantalon de classe. Elégant, il connaît toutes les nuances de l'élégance : il choisit des chaussettes qui manifestent son élégance ou sa personnalité, ou dont l'élégance fascine les femmes. Comme le Don Juan célibataire que l'on voit dans tous les aéroports, ce qu'il apprécie dans les chaussures qu'il porte c'est l'élégance, simple et de bon goût, de leurs formes, la noblesse de leurs peausseries.

Il n'est pas seulement *élégant*, il est aussi *raffiné*. Le choix de ses parfums et de ses voitures le prouve, le choix de ses briquets aussi. Il utilise un briquet à la ligne élégante et racée, à l'habillage raffiné — un briquet de classe — un briquet qui marche au doigt et à l'œil. Ou encore un briquet qui a la rigueur des hommes contemporains, ceux qui décident et obtiennent. Tout le monde n'aime pas ce briquet, mais il n'est pas tout le monde. Il est de ceux qui savent, de ceux qui vivent, de ceux qui aiment la vie et le succès, de ceux qui sont nés pour quelque chose, de ceux qui ne peuvent se contenter de n'importe quoi.

Enfin, il fume un cigare long, mince, racé. Et il a un petit quelque chose qui le distingue des autres. Ce petit quelque chose, c'est la façon de porter ce cigare, le geste de l'offrir. Le plaisir de l'allumer. La satisfaction de le savourer. « En un mot, c'est la classe [1] ! »

On ne saurait mieux dire...

L'homme auquel la publicité s'adresse principalement et dont elle propose l'image comme étant celle de l'homme véritable, de l'homme qu'il faut être dans la société d'aujourd'hui pour mener

1. Les marques utilisées mais non citées dans le texte sont les suivantes : chaussettes *Elbéo*, *Interwoven*, chaussures *Bailly*, briquets *Feudor*, *Braun*, motos *Honda*, automobiles *Triumph*, *Ford Capri*, *Alfa Roméo*, produits de toilette *Braggi*, *That Man*, cigares *Burn's*.

une vraie vie d'homme, est un homme d'élite, un homme d'affaires, un homme qui commande, qui manifeste sa réussite et sa supériorité par le choix de ses vêtements, de ses voitures, de ses parfums ; surtout c'est un homme « de classe » !

Et lorsque l'on n'est pas un homme de classe, c'est-à-dire un homme de la classe dominante, l'idéologie proposée n'est pas pour autant fondamentalement différente : les variations portent sur le niveau des prétentions acceptables et de la résignation nécessaire. C'est ainsi que, à ceux qui en ont assez de voir les autres remporter tous les succès, la méthode *Borg* propose d'acquérir l'assurance qui leur manque. Alors, comme l'ex-timide Jean-Pierre X, « chef d'atelier en passe de devenir chef de service », ils deviendront des hommes heureux. Quand on ne peut espérer être de ceux qui « mènent le monde », on peut au moins espérer devenir un « petit chef »...

A tous les hommes, on fait miroiter la réussite et le pouvoir. S'ils sont « des hommes », des vrais, ils doivent être capables d'entretenir leur famille, ils doivent se faire une situation, la plus élevée possible. Ils doivent être leur propre maître et, mieux encore, commander d'autres hommes. Ils doivent réussir et dominer.

Concevant la nature comme le lieu d'une lutte perpétuelle entre les espèces et à l'intérieur des espèces, comme un monde régi par l'agression, par la loi du plus fort, par la sélection naturelle, la bourgeoisie projette sa nature propre sur la « Nature » et justifie son système social en le présentant comme « naturel » : c'est peut-être triste, c'est sans doute dommage, mais c'est comme ça, c'est la loi de la nature et on n'y peut rien. Soyez donc le plus fort, le plus grand, le plus beau, ayez plus d'argent, plus de femmes, plus de pouvoir que les autres. Soyez le plus fort, ou vous périrez. Écrasez les autres, ou l'on vous écrasera. Mangez, ou l'on vous mangera. Baisez, ou vous vous ferez baiser. Ayez, ou vous vous ferez avoir. Battez, ou vous serez battu. Marchez sur les pieds des autres, ne vous laissez pas marcher sur les pieds. Dominez, ne vous laissez pas dominer. Telle est la loi de la nature. Telle est la loi des mâles. Et malheur aux vaincus.

Mais tout le monde ne peut pas réussir, il faut de tout pour faire un monde, il n'y a pas de sot métier, à chacun son métier et les vaches seront bien gardées... Si vous n'avez pas les qualités d'un chef, sachez rester à votre place, faites consciencieusement votre travail et respectez la hiérarchie sociale « naturelle ». D'ailleurs, les journaux et les chansons vous le disent bien, l'argent ne fait pas le bonheur et les pauvres dans leurs chaumières vivant sans souci, d'amour et d'eau fraîche, sont plus heureux que les grands de ce monde dans leurs palais...

Et, à l'usage des vaincus, l'idéologie de compétition et de domination qui justifie l'inégalité sociale et la concurrence présente une autre face : l'esprit sportif. Car si la société capitaliste se veut naturelle, elle se veut aussi civilisée, policée — la civilisation étant censée corriger ce que la nature a de trop féroce, brutal, barbare, inhumain. Pour que l'ordre social se perpétue, pour que la hiérarchie sociale demeure, les perdants au jeu de la compétition sociale doivent accepter la place qui leur est faite : sans contestation, sans désir de vengeance. Aussi la société dissimule-t-elle le « malheur aux vaincus » sous un prétendu « honneur aux vaincus » : on se bat, certes, mais loyalement et non sauvagement, on respecte les règles du jeu, on rend hommage au vaincu qui s'est bien battu et qui, sans rancune, serre la main du vainqueur. L'idéologie sportive permet de justifier l'ordre social et ses fondements : hiérarchie, compétition, recherche du rendement et de la performance, culte de l'effort, croyance au progrès, et de faire accepter « loyalement » cet ordre par ceux auxquels il est imposé.

Le sport et la vraie vie d'homme

Lorsque l'objet à vendre est un accessoire sportif, le sport est présenté dans les messages publicitaires comme un succédané de la vraie vie d'homme. Il apparaît comme un ersatz d'aventure destiné à l'homme d'aujourd'hui, comme une activité symbolique qui ressuscite l'aventure impérialiste sur le mode du jeu. Ersatz nécessaire sur le plan de la reproduction de l'idéologie : le sport sert à inculquer les valeurs de virilité, de compétition, d'esprit sportif nécessaires à la perpétuation de l'ordre social.

Mais le sport apparaît comme un élément authentique de la vraie vie d'homme, et non plus comme un succédané, dans un certain nombre de publicités qui vantent de la bière, des lotions after-shave, des slips ou des cigarettes. Il y apparaît d'ailleurs souvent sous la forme de photographies dont les légendes, elles, font appel aux thèmes du vrai homme et de la vraie vie d'homme :
— photo de voile et de pêche sous-marine pour l'after-shave *Old Spice*, avec la légende : « Une vraie vie d'homme ! » ;

— photos de motards, de surfistes, etc., pour *Champigneulles* :
« Une bière plus bière pour les hommes qui vivent plus fort » ;
— *Vega 2000* affirme : « Chaque jour, vous vivez au moins un
moment exceptionnel. *Vega 2000*, une bière de luxe pour accom-
pagner ces moments-là. » Et ces moments sont illustrés par quatre
photographies représentant : « une belle amie, 150 de moyenne,
un roman (policier) passionnant et... 6 jeux à 4 ».

Il est intéressant de regarder de plus près la publicité pour la
ligne de toilette *Gibbs Sport* qui a choisi, par son nom même,
le sport comme argument de base. Pour lancer des produits considérés jusqu'ici comme féminins (déodorant, laque pour cheveux),
on ne dit pas : homme ou femme, qu'importe, cette distinction
n'a pas de sens, vous avez tous les mêmes besoins, utilisez tous de
la laque ou du déodorant. Au contraire, on exagère les différences,
on accentue l'opposition entre ce qui est considéré comme masculin et ce qui est considéré comme féminin. Pour vendre aux hommes un produit « féminin », on utilise un argument « supermascu-
lin » : le sport [1]. On fait appel à un sportif et on affirme :

> « Si vous croyez que Poulidor utilise la laque de sa femme...
> eh bien, demandez-lui ! Quand on se dit un homme, on n'em-
> prunte pas une laque de femme. »

C'est tout bénéfice pour les actionnaires de *Gibbs* : dans l'ar-
moire de toilette familiale, il y aura deux bombes de laque au
lieu d'une — qui ne différeront guère que par l'emballage... Tout
bénéfice aussi en ce qui concerne l'affirmation de la virilité, le
respect des différences imposées aux deux sexes et de la propriété privée : à chacun ses produits, pas question d'emprun-
ter ceux des autres, la laque ne tombe pas sous le régime de la
communauté conjugale... Et la publicité pour le déodorant renforce
encore ce recours au sentiment de la propriété :

> « Tant pis pour les femmes. *Gibbs Sport* déodorant ne se
> partage pas. »

Cette dernière publicité va encore plus loin dans le retour-

---

1. Parfois même la virilité en tant que telle : ainsi un communiqué publicitaire pour les parfums *Chanel* s'intitule : « Les hommes au parfum —
séduction et virilité, deux notions en pleine transformation » et un article
paru dans le n° 2 de *Mr., la revue de l'homme* a pour titre « le maquillage,
nouvelle virilité de l'homme ».

nement idéologique : elle propose aux hommes un produit « féminin » en récupérant la revendication féminine et en la retournant contre les femmes. C'est une photographie d'un aviateur bouclant son casque qui illustre l'affirmation que « l'émancipation des hommes a commencé », puisque « le déodorant *Gibbs Sport* est interdit aux femmes ». Une prétendue revendication masculine (« les hommes en avaient assez d'utiliser le déodorant de leur femme ») est mise sur le même plan que les revendications des femmes qui en ont assez de faire une double journée de travail, de se voir méprisées et sous-payées. L'utilisation de cette prétendue revendication tend à nier celle des femmes en la réduisant à une futile histoire de produits de beauté, à une récrimination infantile, peu sérieuse.

Cela touche une fibre sensible chez beaucoup d'hommes, traumatisés à un degré ou à un autre par les mouvements de libération des femmes et qui, plutôt que de se remettre en cause, se réfugient dans le rôle de victimes : dans le fond, ce sont les hommes qui sont exploités et brimés par les femmes. Cette publicité s'insère dans un contexte qui tend à placer le débat sur le plan de l'éternelle « guerre des sexes » et à esquiver le débat véritable, celui de l'injustice d'une société qui repose sur la domination et la compétition.

Dans cette publicité pour *Gibbs Sport*, nous voyons d'ailleurs affirmer l'importance de la compétition et la similitude entre compétition sociale et compétition sportive : deux hommes hissent les voiles sous le regard (qu'on peut présumer admiratif...) d'une jeune femme, et le commentaire affirme :

> « En mer comme ailleurs, la meilleure façon de gagner c'est de ne rien laisser au hasard. *Gibbs Sport,* une nouvelle façon de vouloir réussir sa journée... »

Réussir sa journée, pour un homme, dans la société capitaliste, ce n'est donc pas seulement jouir du vent, du plaisir d'être ensemble, du soleil sur la mer, c'est aussi et avant tout gagner, montrer sa supériorité. Une vraie vie d'homme, c'est une vie de lutte et de recherche de la victoire, du Pouvoir.

Les accessoires d'une vraie vie d'homme :
alcool et tabac

Une vraie vie d'homme, cela a aussi ses rites (une annonce publicitaire parle du « rituel viril » du rasage), ses lieux de culte (bistrots, clubs, stades...) et ses accessoires : port du pantalon, usage des obscénités, des gros mots et des plaisanteries gaillardes, voitures, jolies filles, tabac et alcool.

Jusqu'à une époque récente, le tabac et l'alcool étaient, avec le port du pantalon, des signes extérieurs de virilité [1]. La première cuite, comme la première cigarette, est souvent vécue comme un rite d'initiation à la virilité : plusieurs hommes interviewés reconnaissent avoir pris leur première cuite moins par plaisir que pour « faire comme un homme ».

La publicité pour le tabac et les alcools utilise bien sûr cet argument : une vraie vie d'homme ne se conçoit pas sans eux, et la publicité pour les pipes *Saint-Claude* parle du « plaisir viril » de fumer. Certes, maintenant, les femmes fument et boivent et l'on ne saurait négliger cette clientèle potentielle, on cherche même à la développer ; mais, comme dans le cas des produits de toilette, le changement de « cible » se fait davantage en insistant sur les différences qu'en les gommant. Il y a cependant beaucoup plus de publicités ambiguës ou contradictoires pour le tabac et l'alcool que pour les produits de toilette, où toutes insistent sur la différence des sexes : c'est sans doute que l'obstacle psychologique à franchir est plus important dans le cas des produits de toilette. (Etant donné l'image que chacun se fait de la nature des sexes, un homme aura l'impression de s'abaisser, de se dévaloriser, de se ridiculiser en utilisant des produits « féminins » — tandis qu'une femme aura l'impression de s'émanciper, de se libérer des tabous, de se revaloriser en utilisant des produits « masculins », en buvant et en fumant « comme un homme ».)

Plusieurs marques de cigarettes fondent leur publicité sur des thèmes et des images de la vraie vie d'homme. Elles proclament que « les hommes de caractère, comme l'intrépide cow-boy, vivent

---

1. Il y a peu de temps, le fait de fumer et de porter un pantalon a encore été donné comme motif de renvoi d'une institutrice.

avec *Marlboro* » et que « ce qui donne son prix à la vie d'un cow-boy, ce sont des choses simples : le grand air, l'espace, la beauté d'un cheval... ». *Macdonald's Export A,* la cigarette « qui nous vient du Canada » affirme qu'il y a encore en France quelques hommes comme ceux qui ont bâti le Canada, et illustre cette affirmation par la photographie d'un « loup de mer » au gouvernail de son bateau. Nous retrouvons, là encore, les thèmes impérialistes : cow-boys et colons qui ont « fait » l'Amérique du Nord. Une autre marque *(Flint)* prend d'ailleurs habilement le contre-pied de cette publicité en s'affirmant « la première marque de cigarettes qui n'est pas faite pour les beaux cow-boys » et en l'illustrant par de nombreuses photographies d'hommes « normaux », ni beaux, ni riches, ni supermen, et par quelques photographies de femmes, pour une fois ni vamps, ni stars, ni nymphettes.

Si plusieurs marques d'alcool insistent plutôt sur la consommation hétérosexuelle... et ses effets, *Izarra* met l'accent sur la « virilité » de l'alcool — viril parce que fort :

> « Izarra est vraiment une liqueur, forte et tendre à la fois. Forte (51°), parce que les Basques qui ont inventé Izarra ne sont pas des enfants de chœur. Et pour ces hommes rudes, il fallait une boisson d'hommes. »

Une vraie vie d'homme : dominer

Résumons l'image de la vraie vie d'homme, telle qu'elle apparaît dans la publicité : explorer et dominer le monde, maîtriser les éléments, dompter les animaux, manier les armes, maîtriser la technique, savoir vaincre son corps, gagner, décider, contrôler, commander et, accessoirement, boire et fumer (draguer aussi, nous y reviendrons).

Dans cette image nous retrouvons les thèmes impérialistes de la nature à dominer, des animaux à soumettre [1], du monde à conquérir. Nous retrouvons aussi la vision de la nature soumise à la loi de la jungle, à la loi du plus fort. Il n'est pas question de rapports amicaux, détendus, avec les éléments ou les animaux,

---

1. Et sans doute y verrait-on aussi des indigènes si l'on pouvait encore exploiter ouvertement ce sujet dans notre monde néo-impérialiste...

mais seulement d'agression et de domination. On dompte les vagues, on abat les arbres, les chevaux dressés piaffent sous les ordres — et si les fauves vous caressent, c'est en vous servant. L'imagerie de la jungle et de la nature proposée par la publicité renvoie à la mythologie de la loi de la jungle, justifiant la férocité de la société capitaliste et l'ambition des « jeunes loups ».

Nous retrouvons aussi les « valeurs » capitalistes : une vraie vie d'homme, dans l'imaginaire (et dans la réalité) de la société capitaliste, c'est la compétition et la domination : ÊTRE UN HOMME, C'EST ÊTRE UN CHEF.

Que l'homme se doive d'être un chef, que la vraie vie d'homme soit une compétition pour le pouvoir, pour la domination, les hommes interviewés en sont bien conscients :

> Les hommes sont une race de chefs. Le but de tout homme qui se respecte est d'arriver à être le chef de quelque chose ou de quelqu'un. Il faut apprendre à être un chef à son niveau, selon ses capacités. L'homme est fait pour être dessus, dans la vie comme dans l'amour ; il est le chef de famille, le pivot autour duquel tout gravite, les autres étant en situation de dépendance par rapport à lui. Il doit être le maître, que ce soit des éléments, de lui-même ou d'autrui.

Cet enseignement que Francis a reçu de son père, beaucoup d'hommes l'ont aussi reçu, au moins en partie, et la plupart des hommes interviewés établissent une équivalence entre l'homme vrai, celui qui remplit bien son rôle, et le chef :

> L'homme viril, c'est le chef... (Jacques)

> Pour être un chef, il faut être viril. Tu ne peux être un chef, un responsable, que dans la mesure où tu es viril. Je ne crois pas à l'intellectuel pur qui mène les masses, je pense que le gars doit être intellectuel mais qu'il doit y avoir autre chose avec, qui fait qu'il a envie d'être le leader... Et ça, je pense, cette envie, c'est une forme de virilité. (Luc)

La virilité, c'est une volonté de puissance et le cadre moyen (sportif, fils d'ouvrier, ex-engagé dans la IIe DB) qui fait cette dernière déclaration, n'arrive pas à s'expliquer qu'Hitler — qu'il pense avoir été sexuellement impuissant — ait pu entraîner les foules : pour cela il fallait qu'il ait un comportement viril, or un homme ne peut être viril dans son comportement de tous les instants que dans la mesure où il est viril tout court, dans la mesure où c'est un mâle, viril sexuellement et physiquement.

La virilité lui paraît tellement associée au commandement qu'il pense que dans les mouvements féministes eux-mêmes, les leaders sont celles qui sont les moins féminines, les plus viriles. On retrouve d'ailleurs l'idéologie de la nature-régie-par-la-loi-de-la-jungle à la base de l'image (largement répandue) qu'il se fait de la virilité, du chef, des rapports entre les hommes et entre les sexes : pendant la préhistoire, pense-t-il, les humains vivaient en couples isolés où le mâle devait se battre contre tous les autres mâles et contre la nature pour protéger la femelle, chargée de perpétuer l'espèce. C'était

la défense à l'entrée de la grotte, le mec avec une grosse massue ; et toutes les bêtes, tous les mecs qui arrivent : pan ! on les descend — ou on se fait descendre. C'était le gars qui à la limite se faisait massacrer pour essayer de sauver le reste.

Au fur et à mesure de l'évolution la force physique a été remplacée par l'intelligence et le mâle détrôné :

Maintenant, pour faire un chef de famille, tu n'as pas besoin d'être costaud. D'ailleurs, la notion de chef de famille est en voie de disparition, dans une famille moderne ça ne veut plus rien dire. La notion de chef, je ne sais plus où elle est maintenant...

Cela lui semble un bien, mais il s'inquiète quand même : si, à la suite d'une catastrophe quelconque, l'espèce humaine se trouvait de nouveau obligée de vivre à l'état naturel, elle serait « infoutue de vivre, incapable de s'en sortir », car trop dévirilisée. Pour se sortir d'une situation difficile, d'une crise, il faut pouvoir s'en remettre à un vrai chef, c'est-à-dire à quelqu'un qui soit capable d'imposer ses idées, de mener une masse et de faire des choix décisifs dans l'intérêt de la communauté. Si la virilité est une valeur dont on peut éventuellement se passer dans une société évoluée et confortable, quand tout va bien, elle est nécessaire à la survie de la nation ou de l'espèce en cas de crise.

Si tous les hommes sont des chefs, à leur niveau et selon leurs capacités, les femmes, elles, sont considérées comme incapables de jouer ce rôle :

> L'homme est plus sec qu'une femme pour prendre des grosses décisions, dit un jeune collégien. Ça, je n'imagine pas du tout une femme prendre une grosse décision ! C'est pourquoi, pense-t-il, une femme ne peut pas être président de la République, « ministre oui, parce que le ministre exécute, mais c'est le président qui décide... » (Philippe)

Certains collégiens interviewés expriment fortement l'angoisse qu'ils ressentent à l'idée de devoir entrer dans le monde des hommes, celui de la compétition et de la domination.

> Moi, dit l'un, ça ne me plairait pas de me faire engueuler toute la journée, j'aime bien être mon maître, et puis toute ma vie ce sera comme ça, malheureusement... Ce qui est dégoûtant, c'est qu'on se tire dans les pattes parfois. Mais — conclut-il, résigné — aussi bien on est obligé si on veut réussir, ça c'est certain. (Philippe)

> La vie c'est déjà une compétition, dit son copain. Pour monter, il faut écraser les autres, c'est ça qui est embêtant. J'aimerais pouvoir profiter de la vie, il n'y en a qu'une !... Vivre vraiment, quoi, pas être toujours derrière, toujours obligé de suivre quelque chose... Etre son chef, ce serait encore mieux, je pense. Parce que, quand on est toujours derrière un bureau, avec son patron qui gueule, je ne trouve pas que ce soit une vie : être engueulé toute la journée dans une usine, rentrer le soir, s'engueuler avec sa femme, engueuler ses enfants, manger, dodo, et puis ça recommence le lendemain... Le week-end à la campagne, les autoroutes, tout, tout...

A la question : « Ce serait quoi, " une vie " » il répond :

> Etre tranquille, pas avoir la vie du petit Français moyen qui travaille, qui mange, qui dort, toujours ça, et qui a toujours peur de se faire foutre à la porte de son usine. (Thierry)

Mais tous deux aiment la moto parce que « c'est bien de se sentir le maître de quelque chose, c'est une sensation vraiment formidable ». Ils ont été élevés en garçons, c'est-à-dire éduqués à être les plus forts, à aimer se sentir le maître, et s'ils s'attristent et s'angoissent devant la nécessité de s'écraser mutuellement pour « arriver », c'est qu'ils craignent de ne pas faire bonne figure dans la compétition sociale (l'un est fils d'ouvrier et l'autre a de mauvais résultats scolaires), c'est qu'ils aimeraient réussir plus facilement et plus sûrement. Ils aiment gagner et dominer et ne remettent pas en cause la hiérarchie sociale quand elle joue à leur profit : ils trouvent normal que l'homme domine la femme et souhaitent que l'homme reste toujours au moins « légèrement » au-dessus d'elle. Ils ne cherchent à échapper aux rapports de domination que lorsqu'ils leur sont défavorables.

Un autre de leurs copains a une moto et fait du cross :

> Surtout pour gagner. Gagner, parce qu'au moins c'est toi qui es le plus fort, et c'est bien d'être le maître de la moto, de faire plein de trucs que les autres ne font pas. C'est bien d'être le plus fort, d'avoir pas d'ennuis : quand on est petit, gringalet, on se laisse avoir par tout le monde. Il faut avoir le dessus de soi, de soi et des autres aussi... (Ludovic)

A quinze ans, on exprime ces choses naïvement, sans les déguiser. On s'émerveille du sentiment d'une puissance toute nouvellement découverte et on ne pense pas encore à avoir honte d'avouer ses frustrations. Plus tard, on dissimulera ses désirs de domination, le plaisir qu'on prend à manifester sa puissance — ou la frustration qu'on ressent à ne pouvoir l'exercer et à subir celle des autres — sous des arguments et des rationalisations de toutes sortes. Même ceux qui s'en défendent, affirmant ne pas avoir été élevés dans cette optique ou s'en être totalement écartés, trahissent au détour d'une phrase ou dans leur comportement qu'ils n'ont pas échappé autant qu'ils le croient à l'emprise de ce modèle.

Ils éprouvent du plaisir à manifester leur autorité sur les enfants, compensant ainsi les frustrations affectives de leur propre enfance, ou celles ressenties dans les rapports de travail, mais refusent de l'avouer et disent que c'est pour le bien des enfants — pour qu'ils soient bien élevés et réussissent dans la vie — qu'il faut de l'ordre et de la discipline dans la société.

Ils refusent aussi de reconnaître que beaucoup d'ordres ou d'instructions donnés à des subalternes le sont surtout pour satisfaire le besoin de domination de celui qui les donne. Ils préfèrent invoquer le souci de l'efficacité, du rendement, de la bonne marche de l'entreprise.

Beaucoup de patrons, de chefs de service se sentent menacés dans leur identité même de patron ou de chef de service s'ils voient leurs subordonnés ou leurs employés inactifs : ils n'ont pas seulement l'impression que le temps inoccupé est de l'argent qu'on leur vole, mais que leur pouvoir leur échappe s'il ne se manifeste pas concrètement et sans relâche.

Maîtres d'école, gardiens d'asiles divers, chefs de rayon, petits (ou grands) chefs de toutes sortes éprouvent souvent une sorte de panique à l'idée de se trouver face à des gens inoccupés. C'est peut-être que lorsque le travail est fini, l'ordre exécuté, on « relève la tête ». Certes, on relève la tête dans l'attente d'un autre ordre, d'une autre tâche à effectuer. Mais qui sait : si, par cette béance, cette faille, allait s'introduire le défi ? Si le subalterne ne relevait plus la tête et ne posait plus les yeux sur vous pour vous permettre de manifester à nouveau votre autorité, mais pour la refuser, pour se rebeller ? Alors, pour échapper à l'angoisse de cette menace, on se hâte de donner un nouveau problème, une nouvelle occupation, un nouvel ordre — même inutiles. Les enfants bien élevés apprennent qu'il ne faut pas être impertinent, qu'il faut baisser la tête et les yeux devant ses supérieurs.

Ne pas laisser les gens inoccupés, leur donner constamment des ordres, permet au chef de se rassurer sur son pouvoir de domination, en le manifestant et en l'exerçant concrètement. Mais, tous les gardes-chiourmes du monde le savent et le pratiquent, cela permet aussi de briser la personnalité, donc la résistance du dominé, de l'humilier et de lui faire reconnaître la domination qu'il subit — d'autant plus que les tâches qu'on lui fait exécuter sans relâche sont plus inutiles ou plus stupides. Les témoignages sur les stages-commandos de l'armée française et sur les méthodes qu'elle utilise parfois pour mettre au pas les jeunes soldats le confirment : faire mesurer une cour de caserne avec une allumette ne semble pas une activité indispensable à la survie de l'espèce ou au bon fonctionnement de l'économie, mais c'est un moyen de faire reconnaître l'autorité et les rapports de domination. Tous les systèmes concentrationnaires utilisent ces méthodes.

Certes, dans la vie civile, dans la vie quotidienne, on ne va pas jusque-là : on se trouve moralement obligé de justifier, de manière plus ou moins convaincante, les ordres que l'on donne. Mais le système militaire et les systèmes concentrationnaires ne font que pousser à l'extrême ce qui régit les rapports sociaux courants. Ils en sont les révélateurs, et rendent visible l'image « latente », celle d'une société fondée sur les rapports de domination.

Ces rapports de domination affectent certes les deux sexes, mais les hommes sont plus spécialement préparés à les exercer et les femmes à s'y soumettre. Une femme doit être douce, docile, obéissante, tandis que l'homme, pour être digne de ce nom, doit être *maître,* ne serait-ce que de lui-même ou de ses sentiments. A défaut d'exercer le pouvoir politique, économique ou social, il lui faut au moins être maître chez soi ou maître de sa bagnole...

La possession :
le pouvoir sur les femmes

La Puissance, le Pouvoir permettent de posséder : choses, satisfactions sociales, serviteurs, employés — femmes enfin (surtout ?).

C'est ainsi qu'à un homme qui déclarait ni boire ni fumer,
j'entendis un autre demander, goguenard : « Et les femmes, non
plus ? » Pour lui, comme pour beaucoup d'hommes, la femme était
avant tout un objet de consommation masculine.

La femme, accessoire masculin

La publicité pour hommes exploite largement ce thème de la
femme considérée comme accessoire masculin.

> « S'habiller à la carte, pour un homme, c'est choisir vraiment
> sa propre élégance pour sa propre personnalité, comme il choisit
> son tabac, son eau de Cologne ou... sa femme. » (*Armand Thiéry
> et Sigrand*)

Et comment ne pas penser d'abord à une femme plutôt qu'à
une bouteille de bière, à une automobile, à une moto ou à une
cigarette, lorsqu'on lit :

> « Irrésistibles, ces Anglaises, tout de cuir parées... Il y a encore
> des gens pour qui toutes les Japonaises se ressemblent... Elle, elle
> est la première, celle qui vous fera découvrir le plaisir. Pour
> celle-là, vous garderez toujours la tendresse de la première
> fois... Pourquoi les fils n'auraient-ils pas leur brune ?... Comment
> déguster cette vraie brune ?... La grande blonde... Américaines
> pour hommes [1]... » ?

1. Publicités pour *Triumph, Kawasaki, Honda, Priméros, Porter 39,
Champigneulles, Pall Mall.*

Plusieurs publicités jouent d'ailleurs à fond sur les ambiguïtés du langage :

> « Vous êtes connaisseur, mais non point égoïste. Laissez-la donc tremper ses lèvres dans votre *Porter 39*. Les vraies brunes adorent la vraie brune. »

ou encore :

> « Pour vous changer des brunes, un beau petit brun de cigare. » (*Panter*)

Les illustrations renforcent cette assimilation de la femme aux objets destinés à servir le Maître, l'Homme — en le caressant, en l'aimant, en lui donnant du plaisir. Cela va jusqu'à une assimilation à première vue surprenante : visage féminin aux cheveux platinés, la lame de rasoir *Silver Platine,* la « grande amoureuse de votre peau » murmure :

> « Ne vous rasez plus. Laissez-moi vous caresser jour après jour. Voici enfin la lame fidèle qui, rasage après rasage, vous offre une douceur qui n'en finit pas. »

La femme est réduite par la publicité à l'état d'objet érotique, les objets sont en retour érotisés par leur assimilation à des femmes et on leur prête les deux qualités que l'on exige essentiellement des femmes, la douceur et la fidélité :

> « Doux sur sa peau, doux sur votre joue... Un modèle de fidélité... Un jersey farouchement fidèle à ce qu'il était quand vous l'avez choisi... Nous pensons que l'image couleur, c'est comme la femme, nous la préférons fidèle [1]... »

Petites devinettes : « Elle ira partout la... qu'il aime. Au bout du monde comme au bout du jardin [2]. » La femme ? Non, la bière en boîte... Et cette déclaration « Je t'aime parce que tu ne me trompes jamais », à qui s'adresse-t-elle ? A une femme ? Non, à la *Renault 12*...

Est-ce la femme qui est un objet ou l'objet qui est une femme, on ne sait plus :

---

1. Publicités pour *Timwear*, jersey *Crimplene, ITT Oceanic.*
2. Publicité pour *Kronenbourg.*

« Il y a des femmes qui sont belles, des femmes plaisantes, des femmes sûres. Et il y a des femmes qui réussissent le miracle d'être à la fois belles, plaisantes et sûres, ce sont celles que l'on épouse. La *Volvo 144* est comme ces femmes... »

Aussi bien, « on n'achète pas une *Volvo*... on l'épouse », car « la *Volvo* tient à vous, ne divorce jamais pour coups et blessures ». D'ailleurs, si elle est une épouse fidèle, elle est toujours femme-objet, voire putain domestique : c'est « une Suédoise dont vous pouvez régler le galbe » à la mesure de votre corps...

Le modèle du Séducteur

Ces femmes-objets, épouses et putains, on ne peut cependant les posséder aussi facilement qu'un briquet ou qu'une automobile. Il faut d'abord leur plaire, les séduire, les conquérir. *Succès, conquêtes* : on ne sait jamais très bien si ces mots relèvent du langage amoureux, de celui des affaires ou de celui des armes... Aller à l'aventure, avoir des aventures, c'est tout un : être un homme, mener une vraie vie d'homme, c'est aussi être un Séducteur, entouré de jolies femmes qui se pâment devant vos muscles et vos exploits.

Ce modèle du Séducteur qui a « plus d'une femme dans sa vie » est un des thèmes dominants de la publicité destinée aux hommes : pour que les « cœurs féminins fondent comme neige au soleil », il faut porter « la chemise d'homme qui plaît aux femmes », le parfum « dont les femmes raffolent », les chaussettes dont l'élégance les « fascine » et qu'on enfile donc chaque matin avec plaisir. « Elles aiment, elles adorent », « toutes, ça les prend là », au creux des reins. Vous aurez alors toutes les chances de plaire et les femmes n'auront d'yeux que pour vous [1]... Vous serez Don Juan, rêve que la publicité flatte et révèle : vous serez comme le célibataire des chaussures *Bailly* qui

« aime toutes les femmes, pourvu qu'elles soient jolies, " comme il aime " la nouvelle Jap 950, les films de Lelouch, le vrai whisky irlandais. Il ignore le tour de poitrine de Katie, mais en apprécie la joliesse. Et puis les chaussures, c'est sa seconde folie. L'élégance

1. Publicités pour vêtements *Olympic*, chemises *Arrow*, *Fabergé*, chaussettes *Interwoven*, parfum *Cravache*, chaîne stéréo *Kenwood*.

des formes, la finesse des peausseries. Après Katie, bien sûr, ou Carole, ou Brigitte. Un vrai Don Juan. Sa seule fidélité, en fait, il la consacre à *Bailly*. »

N'avoir qu'à paraître pour séduire, voilà le rêve. Comme l'Indian Tonic de *Schweppes :*

> « Don Juan, certes... et le plus grand de tous. Toutes les femmes l'adorent... et pourtant les hommes recherchent sa compagnie. Toujours pétillant, toujours égal à lui-même. Il paraît... et séduit. »

Mais les femmes restent une difficile conquête ; on ne les séduit que malgré elles, en dépit de leur pudeur, de leur timidité, de leur chasteté — et en les enlevant aux autres hommes. Il faut souvent avoir pour cela recours à des armes, à des accessoires au pouvoir de séduction quasi magique : parfums, musique, rasoir (eh oui...) :

> « Il ne suffit pas de se raser avec un *Schick Injector* pour avoir du succès, mais ça aide ! Il serait présomptueux d'affirmer qu'un homme bien rasé, aussi bien soit-il, se transforme automatiquement en un Don Juan irrésistible (s'il en était ainsi, le *Schick Injector* serait le plus extraordinaire instrument de séduction qui puisse exister)... Et maintenant, regardez-vous dans la glace... Irrésistible ? Qui sait ? De toute façon, tellement plus agréable à embrasser ! »

Avec le parfum *Musk Oil,*

> « le parfum aphrodisiaque le plus ancien et le plus nouveau..., n'oubliez surtout pas d'acheter un nouveau carnet de rendez-vous ! »

Avec le pneu *Dunlop SP Sport,* vous aurez « une vie plus pleine » : une fille par jour... Et, avec la Hi-Fi stéréo *Telefunken,*

> « C'est tout de suite plus intime. Les femmes sont sensibles à la musique ; un fond sonore bien choisi et les plus farouches ne demandent qu'à se laisser séduire. Aussi, pour les Don Juan, la haute fidélité est un atout précieux (*sic*). Ça compte quand on a plus d'une femme dans sa vie. »

Volkswagen, qui utilise volontiers des contre-arguments pour placer sa vieille Coccinelle, décoche cette flèche perfide :

« Etre sûr d'être aimé pour soi-même... Ainsi, vos succès, vous les devrez à vous-même, à votre charme, à votre intelligence, à votre physique. »

Voilà de quoi se consoler de ne pas pouvoir se payer une voiture de sport ! Car le summum de la séduction, c'est de pouvoir « emballer » sans accessoires.

Si vous n'êtes malgré tout pas très sûr de votre charme, de votre intelligence, de votre physique, et que vous vouliez apprendre « comment devenir un Séducteur », *le Club du bibliophile* vous propose les douze volumes des œuvres de Casanova, qui était

« grand, très beau, follement séduisant, fou de désirs et de plaisirs, et d'une virilité prodigieuse... Amoureux de l'amour, il ne peut résister à aucune femme. Et aucune ne lui résiste ».

Car, à la limite, le Séducteur cherche à séduire toutes les femmes : « Dame, demoiselle, bourgeoise, paysanne, il ne trouve rien de trop chaud ni de trop froid pour lui », dit Sganarelle du Don Juan de Molière. Et dans une chanson de Michel Delpech (*le Petit Rouquin*), le personnage projette de se venger plus tard de ceux qui se moquent de lui : « Je serai comédien, j'aurai toutes les filles » — sous-entendu : toutes celles qui comptent, qui sont jolies, qui donnent du plaisir mais aussi du prestige, celles que les autres hommes vous envient.

Le Séducteur tient son pouvoir extraordinaire sur les femmes de ses qualités personnelles, physiques ou intellectuelles, et de son savoir-faire. Toutes les femmes succombent, malgré leurs défenses, à ses charmes. Ce modèle plane au-dessus des classes sociales : ce ne sont pas son rang ni sa fortune qui font sa séduction, et des femmes de toutes qualités, de toutes origines sont ses victimes. Bien sûr, les exemples les plus connus dans la littérature ou le cinéma sont des personnages haut placés socialement, mais les tombeurs de village existent aussi.

Il n'est pas un adolescent qui n'ait rêvé de ce modèle, qui n'ait désiré connaître, comme Don Juan, beaucoup de femmes, cependant que les jeunes filles, grâce au mythe du Grand Amour, ne rêvent que d'un seul homme : le Prince charmant, le seul, le prédestiné, celui qui sera auprès d'elles toute leur vie. L'adolescent s'identifie à un modèle polygame, l'adolescente à un modèle monogame. Ce n'est pas là un hasard, ni une différence « naturelle », mais bien le fruit d'une imprégnation idéologique différente qui prépare à des conduites et à des rôles sociaux différents selon les sexes.

Mais comment est-il possible que notre société, qui défend la famille monogame et la stabilité sociale, pousse les hommes à des rêves polygames aussi perturbateurs, alors qu'elle les destine à faire de bons pères de famille et de bons travailleurs ? L' « homme à femmes » est un personnage souvent méprisé : oisif, il serait dépourvu du sérieux que demandent les responsabilités. Le goût « inconsidéré » des femmes inspire beaucoup de méfiance à la bourgeoisie « sérieuse », celle des affaires et de l'industrie : il risquerait de vous faire négliger vos affaires ou de vous mener à la ruine, en tout cas de vous empêcher de vous consacrer à votre tâche avec toute l'efficacité nécessaire. Comment donc expliquer cette contradiction de l'idéologie bourgeoise, qui propose à l'homme d'être à la fois séducteur polygame et chef de famille monogame, homme frivole et travailleur sérieux ? Quelle fonction sociale joue le modèle du Séducteur ?

Notons d'abord que la bourgeoisie n'a pas créé ce modèle du Séducteur, mais l'a repris à l'aristocratie : au fur et à mesure que le système féodal s'affaiblit au profit d'un pouvoir monarchique fortement centralisé, les guerres entre nobles se raréfient. Privée du plaisir des petites guerres et de l'extension de propriété et de pouvoir qu'elles permettaient, l'aristocratie réside de plus en plus dans les villes et à la cour du monarque ; il devient alors plus important de savoir chasser, danser, tourner un madrigal que de manier les armes — affaire de plus en plus réservée à des spécialistes. Les victoires sur le cœur des femmes remplacent les victoires sur les champs de bataille, et cela ne va pas sans parfois une légère odeur de soufre : l'Eglise ferme toutefois les yeux sur la liberté de mœurs des puissants, à condition qu'ils respectent la règle du jeu et ne frondent pas les institutions en place. Or le Séducteur — Don Juan, tel que le décrit Molière — n'est pas seulement grand seigneur, mais aussi méchant homme : il se moque de l'amour que les femmes lui portent, prend plaisir à bafouer le mariage, la religion et à nier l'existence de Dieu ; il est l'ennemi irréductible de la famille.

Ce modèle aristocratique, dangereux pour l'ordre social, la bourgeoisie va le récupérer, le démocratiser, le vulgariser, et lui donner une fonction sociale conservatrice. Il va servir, comme mythe, à masquer les rapports de classe : le pouvoir qu'on a sur les femmes sera référé à des qualités « naturelles » et non à la position sociale qu'on occupe. Tout homme pourra espérer être un séducteur, à condition d'être beau ou intelligent.

Or, à la vérité, la composante principale du charme magique

« naturel » des séducteurs, n'est autre que leur proximité du pouvoir, leur richesse, le prestige social dont ils jouissent ; dans la société bourgeoise, le pouvoir de séduction n'est le plus souvent qu'un à-côté du pouvoir social, un signe extérieur et une consécration de la réussite sociale : les femmes sont la récompense du vainqueur et non l'objet du combat. Les prolétaires n'ont guère les moyens ni le temps de vivre un tel modèle. Il est clair qu'un travailleur immigré qui, toute la journée, manie le marteau piqueur ou balaie les couloirs du métro, n'a pas la même possibilité de « faire des conquêtes » valorisantes que le PDG ou le producteur de films, même vieux et bedonnants. On ne naît pas play-boy, on naît dans un milieu qui vous donne les possibilités de le devenir en ayant une voiture de sport ou un yacht, en étant bronzé quand les autres ne le sont pas, en étant habillé à la dernière mode, en fréquentant les endroits *select,* etc.

Ce modèle est un modèle bourgeois, inaccessible à la plupart des hommes. C'est une carotte tendue devant leur nez pour qu'ils travaillent avec acharnement et entrent en compétition entre eux pour obtenir un pouvoir et une réussite sociale qui la plupart du temps resteront hors de leur portée, mais qui, croient-ils, leur permettront aussi d' « avoir des femmes ».

Par ailleurs, en se croyant — en se voulant — irrésistible, follement séduisant, d'une virilité prodigieuse, l'homme se convaincra encore de sa supériorité « naturelle » sur ces femmes pâmées devant lui, incapables de résister à son charme, prêtes à tout pour lui. A cette récupération du modèle aristocratique, l'ordre bourgeois comme l'ordre sexiste trouvent leur compte...

Le retour au chef de famille

Le célibat et la polygamie, dont les hommes rêvent, font le plus souvent place en fait à la monogamie, au mariage, à la fondation d'une famille. Le Séducteur « fait une fin », se fait « passer la corde au cou », se résigne à rentrer dans le rang après une vie « de garçon », plus ou moins bien remplie, qu'il « enterre ».

C'est que, fût-on avantagé par la nature, la naissance, la fortune, on ne peut jamais être sûr de conserver son pouvoir de séduction. Le pouvoir de séduction, comme la virilité, n'est jamais assuré, il faut sans cesse le prouver, l'affirmer. Le danger, même si on est un homme à succès, un tombeur, reste la vieillesse, l'apparition du « bedon », la disparition des cheveux, la hantise d'être apprécié un jour pour son porte-monnaie et pas pour ses beaux yeux, la solitude du vieux garçon ou le ridicule du vieux beau. Pour rester séducteur quand on a les tempes qui grisonnent, il faut occuper une situation sociale élevée — ce n'est que dans ce cas que l'âge burine délicieusement vos traits, rend vos rides « expressives » et votre ventre émouvant. Rares sont d'ailleurs les hommes qui ont pu s'identifier au modèle : pas assez beaux, trop petits, trop gros, beaucoup souffrent d'être gringalets ou obèses, chauves ou boutonneux, timides, mal assurés, bloqués. Et pour un interviewé qui déclarait avoir « souffert d'être trop beau », la plupart souffraient de ne pouvoir être à la hauteur du modèle...

Certains abandonnent dès leurs premières armes, dès l'adolescence. Lorsque la répression sexuelle qu'il a subie a été particulièrement forte, son contact avec les filles rendu matériellement et psychologiquement très difficile par une éducation très catholique ou « très serrée », le garçon se rend compte qu'il ne sait pas s'y prendre avec elles, qu'il ne sait pas se comporter en séducteur. Il en souffre, se sent inférieur aux garçons qui ont plus d'assurance et plus de succès féminins, et tente souvent de se « récupérer » en dévalorisant le modèle du Séducteur. Un des interviewés, qui était dans ce cas, se rappelle :

> J'avais une réaction violente contre le play-boy ; en fait, certainement parce que j'aurais aimé être un play-boy... (Pierre)

Le Séducteur raté de l'adolescence va se rabattre sur le modèle du Chef de famille. Il se rattrape en assurant son pouvoir sur une femme qui l'aime et le rassure sur son pouvoir de séduction. Le mariage et les enfants lui donnent vis-à-vis de tous, et de lui-même, une preuve de sa virilité qui ne peut pas être facilement remise en cause. *La possession mythique de toutes les femmes se transforme en la possession effective, sociale, d'une seule :* on n'aura pas toutes les femmes, on abandonne ce rêve ; mais, au moins, on aura tout d'une femme — une femme à soi pour toute la vie, une femme pour qui on sera tout. On essaiera, certes, d'en trouver une qui soit jolie en plus d'aimante : pour le plaisir d'abord, mais aussi parce que le pouvoir de séduction sera alors plus manifeste aux yeux des autres hommes.

Les autres, si la répression sexuelle a été moins forte ou s'ils ont pu s'en dégager, s'ils ont de beaux yeux, un physique avantageux, peuvent s'essayer au modèle du Séducteur et tenter leur chance avec plus ou moins de succès : s'amuser, « avoir des filles », être ainsi valorisé aux yeux des copains, « profiter de sa jeunesse » sans se créer de liens contraignants, vivre ce que tout jeune mâle désire d'abord vivre.

Mais on vieillit, on a peur de l'avenir, on a besoin d'une femme à la maison pour mettre un peu d'ordre et de confort dans un ménage de célibataire, on sort d'un temps d'armée long et sexuellement frustrant. Dans tous les cas le mariage (ou la vie en couple stable) représente la sécurité : mieux vaut tenir que courir et, après tout, on sera mieux considéré socialement si on est chef de famille. Rien n'empêche d'ailleurs, ce minimum étant assuré, d'avoir des « aventures » et même de les collectionner, à condition de prendre quelques précautions ; les conquêtes extra-conjugales rassurent le Chef de famille sur son pouvoir toujours intact de Don Juan. Les hommes deviennent alors des Casanova au petit pied dans les garnis, après le bureau, avant le train de banlieue, pendant les voyages d'affaires ou les déplacements professionnels, en se cachant de l'épouse légitime. De retour à la maison, ils réendossent l'uniforme du mari responsable, du père de famille bon mais ferme, sourcilleux sur la fidélité de sa femme et la pureté de ses enfants — de ses filles particulièrement.

Nous savons que certains hommes échappent à cette vie, restent fidèles à leur femme ou ne se marient pas. Mais ce mouvement de bascule entre le Séducteur, auquel tous ont désiré ressembler, et le Chef de famille, qu'ils finissent presque tous par devenir, est caractéristique de la condition masculine. La coexistence de ces deux modèles apparemment contradictoires est implicitement acceptée par tous les hommes. Elle crée entre eux une solidarité, une complicité par référence à un fonctionnement commun et à une idéologie typiquement masculine : les femmes sont faites pour être séduites. A l'une d'entre elles on réserve le digne destin d'épouse et de mère de famille ; mais il demeure toujours nécessaire de les duper, de leur cacher l'une des deux images et de leur jouer une comédie : la maîtresse ne veut pas entendre parler du père de famille, l'épouse doit ignorer les frasques extra-conjugales du Séducteur. Toutes deux savent bien, cependant, ce qu'il en est au fond ; toutes deux savent bien qu'elles doivent passer l'éponge, pardonner l'infidélité et le double jeu « naturels » à l'homme, et à lui seul.

La publicité joue sur ce mode de fonctionnement masculin qui permet d'aimer sa femme tout en la trompant (il est exclu qu'elle fasse de même) et d'être célibataire et séducteur dans l'âme tout en étant marié et chef de famille :

> « J'aime mieux ma télé depuis que je la trompe. » (*Télérama*)

Voici une longue publicité pour un parfum, où l'on voit Don Juan marié sans cesser d'être Don Juan et célibataire :

> « C'est difficile d'épouser Don Juan.
> C'est encore plus difficile de le garder.
> Il y a toujours au fond de Don Juan un célibataire qui sommeille. Il fait partie de ces hommes qui sont plus célibataires que les autres.
> Etre plus célibataire que les autres, cela ne veut pas nécessairement dire tromper sa femme *.
> Mais cela veut certainement dire remarquer quand on passe à côté si une femme est jolie.
> Et, il faut bien l'avouer, les femmes préfèrent les hommes qui s'intéressent à elles plutôt qu'à leur déclaration d'impôts.
> Voilà pourquoi les hommes célibataires (qu'ils soient mariés ou non) plaisent toujours davantage aux femmes. A leur femme aussi. Car Don Juan sait toujours se sortir des situations périlleuses par un trait d'esprit : " Après tout, ma chérie, si je ne regardais pas les jolies femmes, je ne t'aurais pas épousée. "
> Comment en vouloir à Don Juan... d'être Don Juan. Comment lui en vouloir d'aimer les jolies femmes. Et de plaire aux jolies femmes, puisqu'après tout, il a tout pour ça. De l'esprit. De la tendresse. Du goût. Jusqu'à son parfum.
> Don Juan sait qu'un parfum bien choisi renforce encore cette masculinité qui plaît si fort aux femmes. Il utilise *Brut For Men, de Fabergé*. Un vrai parfum d'homme. Qui plaît autant aux femmes que celui qui le porte.
> (...) Il n'utilise que *Brut For Men de Fabergé*. Il doit bien y avoir une raison à cela. Non ? »

Etre « célibataire » n'est plus une catégorie d'état civil, mais une qualité masculine de plus, celle des hommes qui ont le pouvoir social et sexuel sur les femmes, la « leur » et les autres : celles des autres (celles du moins qui seules ont de la « valeur », celles qui sont jolies...).

---

* *Note de Don Juan : cela ne veut pas non plus nécessairement dire ne jamais la tromper.*

Une catégorie sociale de séducteurs :
les artistes

Il existe une relation étroite entre le choix et l'exercice d'une profession artistique et le désir de séduction, et ceux de nos interviewés qui exerçaient une telle profession étaient bien conscients qu'en choisissant le métier de sculpteur ou de comédien, ils avaient aussi choisi un moyen de séduire et d'avoir des femmes.

Le charme discret de la bohème (qui permet tous les rêves de luxe et de célébrité), qui plane au-dessus des normes quotidiennes de la vie rangée et banale, exerce une réelle séduction sur les femmes. Ce n'est pas un hasard si *le Petit Rouquin* de la chanson déjà citée dit : « Je serai comédien, j'aurai toutes les filles », puisque les comédiens célèbres semblent pouvoir avoir toutes les femmes, puisque tous les artistes semblent pouvoir être des Séducteurs s'ils le veulent. Ils n'ont même pas, semble-t-il, à bouger le petit doigt : les filles se précipitent sur eux et ils ont plus de mal à se débarrasser d'elles qu'à les trouver.

Ce modèle fait rêver aux garçons. Dans la rubrique « « Les lecteurs parlent aux lecteurs » du numéro de juin 1972 d'*Actuel,* l'un d'eux, sous le titre « Groupie story », laisse libre cours à ses fantasmes :

Celle-là aussi, il l'avait eue. Quand même, depuis le temps qu'elle tournait autour de lui, que son visage sauvagement crispé par le désir le poursuivait de salle de concert en salle de concert, il avait bien fallu que ça lui arrive, comme à tous les autres ou presque.

... Flashback. Il revit la scène. Elle avait réussi à s'introduire dans sa loge. Quel prix pharamineux avait-elle dû acheter le portier pour réaliser son rêve, pour toucher son idole ? Elle s'arrêta, interdite, une main sur le bouton de porte et l'autre sur la bouche, n'en revenant pas encore elle-même de son audace. Lui se retourna à peine. Il se peignait, lissant ses longs cheveux qui roulaient en volutes d'or sur ses maigres épaules. La regarda d'un air triste, blasé, désabusé. Elle semblait pétrifiée, statufiée en une muette adoration. (...) Soudain, n'y tenant plus, elle se précipita sur lui. Ils roulèrent à terre. Il se débattit. Inutile. Une vraie furie, dont les lèvres palpitantes cherchaient sa bouche, dont les mains moites fouillaient son corps, dont les yeux fous le dévoraient. Il abandonna, lui fit l'amour longuement. La môme râlait, jouissait sous ses coups et ses caresses...

Avoir tellement de filles qu'on en soit désabusé, saturé, être tellement séduisant que les filles vous violent, quel rêve, « quel pied »...

L'artiste jouit d'un statut d'extra-territorialité par rapport à la morale conjugale : on admet qu'il ne se marie pas ou qu'il se marie beaucoup, en tout cas qu'il ait beaucoup de femmes ; c'est même un des éléments de la « vie d'artiste ».

François (57 ans, fils d'ouvrier) croit fermement aux vertus du mariage et de la stabilité du couple, mais, ayant des amis artistes, il constate qu'ils vivent souvent différemment et l'admet bien :

> Il est certain, par exemple, que dans un couple de paysans, le fait d'être un couple qui dure longtemps arrive à de bien meilleurs résultats. Mais pour des comédiens, par exemple, des gens comme ça, c'est peut-être totalement différent : le type est excité dans la mesure où il change de partenaire...

Créant, ayant donc l'ambition de ne pas se satisfaire de la réalité présente, l'artiste peut s'en prévaloir pour ne pas se plier aux coutumes et aux normes sociales. De plus, ses conquêtes sont aussi ses muses, ses inspiratrices ; il les séduit parce qu'il peut devenir célèbre et qu'elles-mêmes alors entreront peut-être ainsi dans l'histoire (ou dans les journaux...). Génie connu ou méconnu, il est le support rêvé pour la mystification des midinettes et des adolescentes. C'est le dernier vrai séducteur de la société bourgeoise. Les hebdomadaires, les films, la télé renvoient son image à des millions d'exemplaires. Tout comme le champion de ski ou de football, il masque l'existence des classes sociales en personnifiant l'idéologie de la compétition, de l'élite, des dons naturels.

Le sport, lui aussi, est un moyen de réussite sociale accélérée, mais le sportif n'est séducteur qu'en puissance car, si de jolies filles viennent lui offrir les fleurs et les baisers de la victoire, il ne peut guère en profiter. Comme l'écrit Gregorio Marañon[1] : « Les seuls héros actuels, les sportifs, ne sont pas une matière apte à la création de Don Juan ; car pour continuer leurs exploits d'adresse et d'endurance, ils doivent doser et limiter leur capacité amoureuse, ce qui leur interdit toute aventure. » Si l'artiste trouve une inspiration dans le sexe, le sportif y trouve au contraire un danger pour sa réussite ; le sport est d'ailleurs utilisé comme dérivatif de la sexualité dès l'école. Et si les filles collent des posters de chanteurs ou de comédiens au-dessus de leur lit, c'est dans les chambres des garçons qu'on trouve ceux des champions sportifs.

1. Gregorio Marañon, *Don Juan et le Donjuanisme*, Gallimard, 1958.

Nous espérons avoir montré qu'il existe, au-delà des évidences parcellaires sur la condition masculine, *un univers idéologique masculin très fortement structuré.* Cet univers reste cependant *implicite,* rarement perçu dans toute sa *cohérence.* Paraissant même souvent hétérogène et contradictoire, ce système n'est pas cerné en tant que tel, d'où la rareté et les limites de sa remise en cause.

L'idéologie masculine s'articule autour de trois « valeurs » que l'on fait miroiter aux yeux des hommes : PUISSANCE, POUVOIR, POSSESSION. La puissance est censée permettre et justifier le pouvoir, et celui-ci à son tour assurer la possession.

L'univers masculin est régi par *un concept creux et mythique : la Virilité.* Ce mythe sert surtout à distinguer les hommes des femmes, à rejeter celles-ci dans un rôle social inférieur et à justifier ce rejet au nom de prétendues qualités masculines naturelles, dont l'ensemble formerait justement cette virilité. Or, ces qualités ne sont que celles qui ont permis l'établissement d'un monde impérialiste et capitaliste, reposant sur la conquête, la concurrence et la compétition.

La Virilité est un *mythe terroriste.* Une pression sociale constante oblige les hommes à prouver sans cesse une virilité dont ils ne peuvent jamais être assurés : toute vie d'homme est placée sous le signe de la *surenchère permanente.*

Seule, la possession de cette qualité mythique qu'est la virilité permettrait aux hommes de se conformer aux modèles qui leur sont proposés comme étant les seuls dignes « d'une vraie vie d'homme », les seuls qui fassent d'eux « des hommes, des vrais » : *le modèle du chef,* qui a *le pouvoir sur le monde et sur la société,* et *le modèle du Séducteur,* qui *possède les femmes.* Aucun homme n'a échappé au rêve d'être l'un et l'autre, l'un par l'autre. Mais ces modèles proposés aux hommes restent inaccessibles à la plupart d'entre eux. Le seul modèle qui puisse effectivement être atteint par les hommes des classes sociales exploitées est une combinaison des deux premiers, qui actualise dans la sphère privée les qualités sociales du chef : le modèle du *Chef de famille* qui détient le *pouvoir social et sexuel* sur la femme qu'il *possède* légalement et le pouvoir social sur leurs enfants.

Si le pouvoir social reste hors d'atteinte de la plupart des hommes, tous s'efforcent cependant d'y accéder et entrent en compétition pour cela. La société se trouve ainsi assurée de disposer des contremaîtres et des chiens de garde dont elle a besoin et de voir respecter son ordre et ses valeurs.

Mais l'homme occupe dans cette société une position complexe par rapport au Pouvoir : si en tant qu'individu appartenant à une certaine classe sociale, il est soit détenteur du Pouvoir, soit soumis à lui, en tant que mâle il doit l'exercer sur toutes les femmes.

Pour pouvoir jouer le rôle de chef qui lui est assigné dans la famille, l'homme doit pouvoir considérer comme un droit la domination qu'il exerce sur les femmes. Si la Virilité est l'ensemble des qualités attribuées aux hommes et qui permettent de justifier le pouvoir social de tous les hommes sur toutes les femmes, elle est aussi donnée comme la qualité de ceux qui séduisent les femmes, comme l'explication du pouvoir sexuel de certains hommes — les plus « virils » — sur les femmes. Car il faut aussi que l'homme fasse l'apprentissage de son pouvoir individuel sur les femmes, justifié non plus par sa seule appartenance au sexe fort, mais par ses qualités propres de séduction, par sa virilité personnelle. Cet apprentissage, il le fait en s'efforçant de coller au modèle du Séducteur, mais la liberté sexuelle qu'impliquerait la réussite d'un tel modèle est incompatible avec la société autoritaire et bourgeoise, qui canalise la sexualité vers le mariage et la famille. La répression sexuelle (camouflée parfois en « liberté sexuelle » : liberté de consommer du sexe commercialisé, stéréotypé) reste la règle et va de pair avec le modèle du Séducteur.

Tout cela tend à produire des hommes capables de rendement, soumis à l'ordre social et à l'organisation du travail de la société capitaliste. Or c'est avec le « privé » qu'on rend possible l'ordre social, et cet ensemble de conduites et d'idées que nous avons mis à jour à travers la publicité ne fonctionne qu'autant qu'il se prolonge dans la vie privée, amoureuse, familiale. C'est ce mur de la vie privée que nous allons franchir maintenant.

La vie privée

Les femmes

Des nymphes statufiées dans les squares aux affiches publicitaires et cinématographiques, en passant par les couvertures de magazines érotiques étalés aux devantures des kiosques à journaux, une obsédante imagerie féminine poursuit l'homme de n'importe quelle ville. Ce ne sont que femmes offertes, regards aguichants, poses suggestives, lèvres humides et entrouvertes, femmes en attente du mâle, conquises ou sur le point de l'être. La femme-objet-sexuel est la représentation la plus fréquente de la femme, pour ne pas dire la seule qui puisse être aperçue publiquement. Et, bien sûr, c'est autour de ce cliché de la femme faite pour le plaisir de l'homme que se structurent les images et les représentations que les hommes se font des femmes ; les récits de nos interviewés quant à leur vie privée étaient très significatifs de ce point de vue.

Il y a certainement dans la perception immédiate que tout homme a d'une femme, lors d'une première rencontre, une interrogation sexuelle : m'attire-t-elle sexuellement, est-elle une partenaire sexuelle possible ou éventuelle ? comment est-elle quand elle fait l'amour ? etc.

Il n'y aurait là rien que de très réjouissant :

— si cette sexualisation immédiate des relations ne reposait sur un amoindrissement tout aussi spontané de la femme, réduite à une dimension sexuelle où l'homme ne lui réserve qu'un rôle d'objet ;

— si les femmes pouvaient, elles aussi, assumer sans inconvénients cette perception directement sexuelle ; si, en d'autres termes, elles n'étaient pas aussi sexuellement réprimées qu'elles le sont actuellement, en particulier du fait des comportements des hommes.

La répression sexuelle que subissent les garçons est généralement moins forte que celle qui est infligée à leurs sœurs, contraintes de refouler profondément leurs désirs et de contenir pendant de longues années toute manifestation génitale consciente : eux ont encore la possibilité de ressentir, devant une femme rencontrée, une attirance avant tout sexuelle, et vécue comme telle. Mais la répression a été suffisamment forte, cependant, pour restreindre leur désir et le canaliser vers une image de femme morcelée, fétichisée, passive, dominée. C'est bien parce que, pour le plus grand nombre des hommes, le désir passe par cette image qu'ils sont aussi hostiles à toute modification du *statu quo* : la moindre évolution des rôles sexuels leur paraît menacer leurs possibilités de bonheur.

La croyance aux éternels masculin et féminin ne fait que masquer la peur d'abandonner les rôles auxquels les individus ont été conditionnés et en dehors desquels ils croient impossible de jouir. Chacun se sent personnellement tenu de devenir un homme ou une femme « véritables » sous le regard de l'humanité entière. Cette conformité devient donc la condition du bonheur, une fois oubliée la répression sexuelle nécessaire pour l'imposer : ainsi ceux qui n'ont pas pu ou pas voulu l'accepter, les homosexuels, les bisexuels, les « indéterminés », sont-ils considérés comme voués *par nature* au malheur.

Chaque sexe semble donc posséder sa vérité *naturelle* et intangible ; il y a des hommes et des femmes *vrais*. Les arguments d'ordre historique ou anthropologique qui montrent la relativité de ces prétendues natures sexuelles n'y feront rien : notre civilisation étant exaltée comme *la* civilisation, nos normes sont vécues comme les seules *naturelles*. Le fondement social de l'idéologie demeure soigneusement masqué, il semble ne s'agir que de « bon sens ». Aussi toute une société bourgeoise a-t-elle pu adhérer a des propos comme ceux de Rémy de Gourmont :

> Les travaux masculins diminuent la féminité de la femme, comme les travaux féminins féminisent le mâle. Or le devoir d'un être est de persévérer dans son être et même d'augmenter ies caractères qui le spécialisent.

ou de Schopenhauer :

> Les femmes ne sont que des êtres inférieurs et séduisants, dont la mission est de conspirer aux fins de la nature en assumant, par l'attrait qu'elles exercent sur l'homme, la perpétuation de l'espèce.

Aucun interviewé n'osa reprendre à son compte des formulations aussi ouvertement misogynes ; mais tous, malgré les différences d'âge, de classe ou de culture, avaient une vue globale des femmes centrée sur le thème de la *vraie femme.* Traditionnel ou progressiste, un modèle existait quelque part, auquel les femmes réelles se devaient de ressembler. On pourrait brosser le portrait-robot de la femme véritable, tel qu'il recueille la quasi-unanimité parmi les hommes : elle est douce, gentille, *féminine.* Elle désire être protégée par un homme ; sentimentale, elle ne rivalise pas d'intelligence avec lui. Son *sex-appeal* est irrésistible, mais elle possède en plus les qualités qui en feront une bonne mère et une bonne épouse : elle a été et reste *pure...*

La féminité

La première qualité d'une femme, disent les hommes, que la tautologie n'effraye semble-t-il pas beaucoup, c'est sa *féminité.* Mais où faut-il donc situer cette *féminité,* si l'on peut dire aussi qu'une femme est *plus* ou *moins* féminine qu'une autre ?

Quand un homme dit : « Ce qui me plaît chez une femme, c'est qu'elle soit féminine, sexy, douce, gentille, bien habillée... » — ces épithètes viennent-elles là pour expliciter le concept de féminité, ou bien en sont-elles indépendantes ?

En fait, la féminité englobe tout ce que les hommes aiment rencontrer chez une femme, mais selon un dosage légèrement variable de l'un à l'autre. La féminité, c'est très exactement la somme de tous ces dosages particuliers considérés d'un point de vue global : de nommer « féminité » ce qu'il aime trouver chez une femme donne à chacun de nos interviewés le sentiment de parler au nom du groupe des hommes en son entier ; ensuite il pourra détailler, insister sur tel ou tel aspect : pour l'un le physique, pour l'autre le moral, la douceur, la soumission...

Pour Luc, la féminité c'est ce qui attire les hommes :

> Une femme féminine, c'est une femme qui est douce, qui a un comportement féminin, qui est aguichante, qui cherche à attirer le mâle, qui est féminine dans son habillement, son allure, son aspect... En gros, je pense que l'aspect femelle de la femme, c'est quand même ça.

Les hommes qui refusent de se conformer à l'image traditionnelle du mâle viril n'en continuent pas moins à rechercher des femmes « féminines » : avoir une femme qui corresponde aux canons à la mode, qui soit jolie, admirée, est un élément de pouvoir non négligeable pour un homme et permet de jouir d'une certaine considération dans son entourage social. Une femme « charmante » fait partie de l'ensemble des attributs d'après lesquels on vous juge et vous situe.

On apprécie aussi un aspect sensuel, promesse qu'on ne « s'ennuiera pas » dans l'amour. Les hommes disent couramment tenir à un type physique particulier qui représente pour chacun le maximum du *sex-appeal*. Les actrices et les mannequins fournissent des repères de beauté féminine idéale. L'apparence physique est complètement détachée du reste de la personnalité, dont le désir masculin ne s'occupe guère. Peu d'hommes arrivent à désirer sexuellement une femme qui se montre plus intelligente qu'eux. Ils n'arrivent pas à dépasser la dissociation entre corps et esprit sur laquelle leur désir est resté piégé : dans les rapports amoureux, le corps de la femme reste séparé de son intelligence et c'est à cette condition seulement que les hommes peuvent s'en servir comme d'un objet sexuel. La sexualité des hommes demeure honteuse et « objectivante » ; à la limite, il leur faut mépriser ou rabaisser leur partenaire sexuelle pour pouvoir en jouir.

Ce qui plaît d'abord, c'est donc le physique, mais toute une série de dispositions appelées morales : sentimentalité, tendresse et douceur, attirent aussi.

> Une certaine sentimentalité qui nous manque à nous, alors on a tendance à la rechercher. (Christian)

Leur sont associés la gentillesse, l'intuition, la fragilité, la sensibilité, le besoin de dépendance affective.

Parfois, ces fameuses qualités morales si appréciées ne sont que la trame usée des nécessités ménagères, comme le montre cette magnifique déclaration du chanteur Mike Brant :

> *Quelles sont les principales qualités que tu veux trouver chez une fille ?*
> Je suis très exigeant de nature et je demande à une fille d'avoir des qualités morales principalement (*sic*) : il faut qu'elle soit jolie, qu'elle fasse bien la cuisine, qu'elle sache se comporter en bonne maîtresse de maison et s'occuper des enfants car je les adore. La perle rare, quoi ! (*Podium,* juillet 1973.)

Cette réponse indique bien d'ailleurs que les qualités demandées aux femmes (et résumées dans le concept de féminité) sont celles qui leur sont nécessaires pour remplir le rôle social qui leur est assigné au premier chef, celui de maîtresse de maison. On voit pourquoi l'image que les hommes se font de « la vraie femme » comporte autant d'aspects de douceur, de fragilité, de soumission, par opposition à la force physique et morale, à l'indépendance, à la réussite professionnelle. La « nature » féminine colle parfaitement au rôle qu'on destine à la femme. De même on exigera des femmes qui, *en plus*, travaillent à l'extérieur, qu'elles restent *des femmes*, c'est-à-dire qu'elles se comportent, dans le monde du travail comme au foyer, en secondes fidèles, ne manifestant ni agressivité ni volonté de pouvoir, mais beaucoup de dévouement et de compétence dans les travaux humbles et les petites choses. Pour garder leur précieuse féminité, les femmes doivent savoir rester à leur place, conformément à leur nature, et ne pas être trop autonomes ni trop intelligentes. Tout est pour le mieux dans le meilleur des mondes sexistes possible : le sous-emploi, la sous-qualification, le travail domestique aliéné (non reconnu comme travail et non rétribué) se trouvent ainsi justifiés par la Nature.

Si une femme trop intelligente en général déplaît, quelques hommes aiment cependant entretenir des relations intellectuelles avec les femmes. Ils disent apprécier « une femme qui a quelque chose à dire ». C'est là, certes, un progrès par rapport au « sois belle et tais-toi ! » ; mais il est remarquable que personne ne demande à une femme d'avoir non seulement quelque chose à dire, mais aussi quelque chose *à faire* sur le plan intellectuel ou social. Les hommes les plus « avancés » de notre enquête ne désiraient pas encore vraiment des femmes agissantes, mais des femmes capables de comprendre leur action à eux.

Par opposition, ce qui va déplaire chez les femmes, c'est tout ce qui n'est pas « féminin », ou encore tout ce qui est considéré comme aspect négatif de la féminité — les traditionnels « défauts féminins ».

Les hommes détestent habituellement que les femmes possèdent des attributs considérés comme virils : agressivité, revendication d'une supériorité physique ou intellectuelle, goût d'une certaine autonomie :

La fille qui est un garçon manqué, la fille qui porte des *Levi's*, un gros ceinturon, qui va dans les bals, qui se bagarre comme un garçon, ou la fille qui fait de la moto... ce n'est plus une fille, quoi ! (Thierry)

Aussi les défauts tenant à une féminité outrancière ou dévoyée sont-ils beaucoup moins déplaisants pour les hommes que la revendication virile. Une trop grande passivité ou docilité, une attitude irresponsable peuvent certes les irriter : si la femme doit rester dépendante, il est plus agréable qu'elle résiste un peu avant de céder, donnant à la conquête plus de prix ; et, pour remplir son rôle au foyer, il ne faut pas qu'elle se comporte en enfant dans tous les domaines. Mais enfin, tout cela reste encore « terriblement féminin »...

Voici un exemple des qualités contradictoires demandées aux femmes : Jacques déteste à la fois les femmes incapables de jouer leur rôle domestique et celles dont les préoccupations sont exclusivement domestiques. Il lui faut donc une femme assez intelligente pour s'intéresser à autre chose qu'à sa besogne ménagère, tout en s'en satisfaisant !

Dans le même ordre d'idées, apparaît le très ancien et très significatif reproche de « rouerie » fait aux femmes. La rouerie, le manque de franchise des femmes sont unanimement condamnés par les hommes. La rouerie féminine, c'est cette possibilité de rompre le grand secret masculin, celui de la faiblesse et de l'affectivité cachées, c'est cette capacité de trahir l'homme en révélant les points faibles qu'il a pu laisser percevoir dans le privé. Car l'apparence de stoïcisme, la « frime » masculine se dissolvent dans la vie privée : on s'expose, on montre alors la face tendre, la face « féminine » de soi. Et l'on ressent comme insupportable que la femme profite de ce relâchement, de cette faiblesse qu'on lui a laissé voir comme preuve d'amour et qu'elle est censée être seule à connaître, on s'estime trahi, parce qu'elle ne s'embarrasse pas du code d'honneur masculin. Mais face à cette frustesse psychologique, à cette dissimulation des besoins affectifs qui se retrouvent chez tous les hommes attachés à l'idéal viril, il n'est pas étonnant que cette « rouerie » demeure bien souvent l'arme favorite des femmes dans la guerre qui sévit au sein des couples conformes au modèle de l'union bourgeoise.

A quelques détails près, donc, les hommes rêvent de la même femme, idéalement féminine. Charmante physiquement, d'abord ; puis douce, gentille, tendre, amoureuse, dépendante de l'homme,

quoique capable de prendre quelques responsabilités ; ne revendi-
quant pas les prérogatives viriles, sachant se contenter de son
rôle de femme d'intérieur ; ayant cependant, de temps en temps,
quelque chose à dire sur les sujets autres que purement domestiques,
pour lesquels on souhaite d'ailleurs qu'elle manifeste plus d'intuition que d'intelligence réelle. Féminine dans son habillement, son
comportement, son physique et son caractère, cette femme idéale
saura se garder des défauts féminins et ne pas succomber à la
tentation de se servir contre « son homme » des faiblesses auxquelles
il se laisse parfois aller. Bonne amante, bonne mère, elle sera un
allié discret et efficace du combat qu'il mène à l'extérieur et, vis-
à-vis de son entourage, elle ne laissera rien filtrer des problèmes
du couple...

Les magazines féminins incitent constamment les femmes à se
conformer à ce modèle. Ils font passer pour émancipation l'habillement et les soins de beauté à la mode, qui ne font qu'ajouter à
l'aliénation des femmes. On a réussi à créer une image de femme
« moderne », à la fois mère, épouse et amante, voire un peu prostituée. Grâce aux *mass media,* cette image née dans les milieux
bourgeois a aujourd'hui gagné toutes les couches de la société.

Une telle image comporte toute une série de contradictions :
une femme peut-elle se conformer au rôle féminin, avec ce que
cela suppose de résignation et d'incertitude, sans se servir des armes
valables dans le seul domaine qu'on lui laisse, celui de la vie affective ? Comment pourrait-elle être réduite à être un citoyen de
second ordre, économiquement dépendante de son mari, affective-
ment et sexuellement soumise, tout en restant responsable et douée
d'autonomie ? Il faudrait qu'elle ait une riche sensualité, qu'elle
se montre une amante douée et inventive, tout en restant irrépro-
chablement fidèle — après avoir été une jeune fille sinon vierge
du moins pure, que toutes ces choses n'intéressaient pas avant qu'elle
ait rencontré le Grand Amour.

Morcelés tout autant que les femmes qu'ils aiment, les hommes
essaient vainement de recoller des jugements et des désirs contradictoires et continuent de rêver à une impossible femme idéale, à
un « zombi ».

La formation de cette image

L'ensemble de ces idées sur les femmes met du temps pour s'affirmer et s'intérioriser en chaque homme. Pour les plus jeunes, l'image de la femme est encore floue et l'on y distingue en filigrane des traits empruntés à leur mère ou à leurs sœurs, dont ils se servent comme d'une approximation de la nature féminine.

Inconnues et mystérieuses, les femmes leur apparaissent vite, quand ils se rapprochent d'elles, comme plus diplomates qu'eux, moins frustes psychologiquement. Ils avouent que les femmes leur font peur mais qu'elles les intéressent, surtout lorsqu'ils commencent à désirer avoir des relations sexuelles avec elles. Pour eux, « être féminine » ne signifie pas encore forcément « être soumise ». Quand Christian, 17 ans, parle des filles, on trouve chez lui un curieux mélange d'admiration et de préjugés :

> Avant, les filles, on savait pas ce que c'était, elles étaient dans l'école d'à côté : maintenant, il y en a dans la classe mais, prises individuellement, chacune reste une planète à explorer... J'aime bien discuter avec elles parce qu'elles n'ont pas tout à fait la même forme d'intelligence que les garçons. Leur façon de réfléchir, d'estimer les choses, leur psychologie, leur diplomatie, c'est fascinant à voir. Elles peuvent deviner assez facilement, plus facilement que nous, ce qu'on pense, d'après certaines réactions... Oui, elles sont plus psychologues. Les femmes, elles peuvent analyser plus facilement ce qui est subjectif. Dans tout ça, la psychologie, la sociologie, l'histoire, les langues étrangères, elles sont plus fortes. C'est peut-être d'ailleurs un certain refoulement de la femme pendant des siècles qui l'a amenée à se poser des questions et à avoir une vie intérieure plus forte...
> A partir du moment où la femme présente quelques traits du garçon, on dit qu'elle n'est pas féminine. Donc, il faut qu'elle soit radicalement différente. Par exemple, on essaie d'inculquer aux femmes la soumission ; pourtant, il y a des femmes qui ne sont pas du tout soumises, qui sont même très autoritaires, et on peut dire même qu'elles sont très féminines... Alors, je ne sais pas d'où ça vient, cette notion de féminité.

Mais cette image encore floue qu'ont les adolescents va peu à peu se préciser et se fixer. Elle peut aboutir à une image composite : d'un côté, l'épouse, bonne ménagère et dépendante de son mari, de l'autre les femmes plus indépendantes, qui travaillent et chez qui l'on apprécie les possibilités intellectuelles et l'autonomie — dont on ne veut absolument pas entendre parler dans son propre foyer :

> Dans le fond des choses, j'ai deux images : il y a ma femme, qui est la femme à la maison et dont je ne supporterais pas qu'elle ne s'occupe pas bien des gosses, que je souhaite docile et soumise à ma volonté. Alors que tout ça, j'ai du mal à le supporter chez d'autres femmes... (Jacques, 37 ans, ingénieur)

Mais, le plus souvent, c'est l'image traditionnelle la plus simpliste qui s'impose et persiste. Qu'il y ait des femmes qu'on ne peut pas réduire à ce cadre n'est pas trop inquiétant : on les considère comme des exceptions. Il faudra à Luc, 49 ans, beaucoup d'années et une crise grave dans son foyer pour qu'il reconsidère ses premiers jugements :

> Quand tu es jeune, qu'est-ce que c'est qu'une femme ? Tu entends raconter un tas de choses ; ça tourne toujours autour de l'acte sexuel. Tu te fais tout un roman là-dessus, un roman terrible... Alors, finalement, tu es polarisé sur ce truc-là, et la femme, quand tu es jeune, à la limite, c'est un instrument de jouissance.
>
> Quand j'étais jeune, je faisais énormément de sport. La fille, c'était celle qui tricotait, qui sortait les gosses, qui faisait la lessive, un tas de trucs emmerdants... Quand tu passes ta vie à taper dans un ballon, à courir, à sauter, à nager, tu ne vois pas pourquoi les filles, qui tricotent, etc., seraient des êtres vachement intéressants. Alors, quand tu es un homme et que tu vois une femme comme ça, quand tu es jeune, tu n'envisages pas que tu puisses faire autre chose avec elle que l'amour physique. Et puis tu te dis : ça doit être particulièrement emmerdant d'être une bonne femme, heureusement que j'aurai des copains et que je pourrai continuer à taper dans un ballon !
>
> Je me suis marié avec une femme qui avait d'énormes qualités ménagères et ça m'a confirmé dans mon idée de départ. Vers 36 ans, j'ai connu une autre femme, remarquable, sportive, intellectuelle, sachant tout faire... Je me suis dit : « Bon Dieu ! Quand même, ça c'est quelqu'un ! » Mais je me figurais que c'était une exception. Et puis, j'ai vraiment découvert que les femmes pouvaient être autre chose que ce que j'imaginais...

Seuls quelques « intellectuels de gauche » demandaient que la femme soit plus qu'une « seconde » du mari ou de l'amant, mais aussi celle qui prend le relais, qui devient l'élément moteur, quand l'homme est « dans la merde ». C'est dans les milieux politisés que nous avons constaté l'évolution la plus sensible ; on y trouve quelques hommes qui désirent des partenaires avec lesquelles ils puissent entretenir des relations égalitaires, au moins au niveau intellectuel et professionnel. Cela ne signifie d'ailleurs pas forcément qu'ils arrivent à vivre de telles relations : ce sont souvent d'ex-compagnes de militants révolutionnaires qui ont été à l'origine de groupes du Mouvement de libération des femmes ; elles dénonçaient en particulier les conduites phallocrates qui règnent dans les groupes gauchistes, où les idées révolutionnaires ne descendaient pas jusqu'à la vie quotidienne et où les relations avec les femmes restaient calquées sur le modèle méprisant traditionnel.

Conception de la sexualité féminine

Pureté et virginité

Ceux qui avaient reçu une éducation catholique en avaient surtout retenu la nécessité de la « pureté » des femmes, qu'il faudrait avant tout « respecter » : les femmes, *naturellement pures*, doivent le rester, c'est-à-dire n'avoir de relations sexuelles qu'avec un seul homme : leur mari. Adolescents, ils avaient très bien accepté l'idéologie chrétienne qui symbolise la pureté, c'est-à-dire l'absence de pensées et d'actes sexuels, par l'histoire de la Sainte Vierge, mère par l'opération du Saint-Esprit et non par l'acte de chair. Ces croyances, jointes au « respect » des femmes (identifiées à leur propre mère) avaient complètement empoisonné leurs premières tentatives sexuelles. Le refoulement, les inhibitions, la timidité, et finalement la misogynie ne peuvent que se renforcer quand il est impossible de concilier les modèles de pureté dont on vous a farci la tête, et le désir sexuel pour des femmes réelles. La culpabilité qui naît à la pensée de tous les péchés qu'il serait bien agréable de commettre avec elles redouble si l'on pense, comme le faisait Francis, que les filles sont naturellement pures et qu'elles n'ont pas comme lui besoin de se dominer pour éviter les « mauvaises pensées » ; sa mère, dit-il, avait ainsi quelque chose qui l'attirait beaucoup : *elle avait l'air pur.* Les bons petits garçons élevés dans les très religieux principes n'arrivent pas sans mal, et jamais tout à fait complètement, à se débarrasser de cette mystique de la femme *honnête.*

L'éducation séparée des sexes est difficile à réaliser au sein de la famille et c'est le collège, religieux ou non, la pension, l'internat qui, sous couvert d'études et de préparation à la vie active, permettent le mieux d'imposer cette fiction de la femme « pure ». Ainsi Camille, dans son orphelinat catholique, trouvait les femmes très attirantes mais presque impossibles à « avoir » :

> Pendant longtemps, j'ai mythifié les femmes. C'est-à-dire que, si j'arrivais un jour à en avoir une, ce serait le résultat de... D'abord, c'était complètement entaché par la notion de pureté. Il n'y a jamais eu de question de relations sexuelles : ça n'existait pas, je ne savais même pas ce que ça voulait dire !
> Jusqu'à 16 ans, je n'ai pas su ce que c'était, ni comment ça se faisait. Je le savais, mais je me disais que c'était des racontars, je ne croyais pas que c'était vrai : on m'avait tellement dit que la femme c'était la pureté ! D'ailleurs, je n'aurais jamais su toucher une femme. C'était lié au mystique : pour moi, seuls les baisers étaient permis. C'était un peu l'idéal de l'amour courtois.

Pour le malheur des filles, l'existence de l'hymen (fait unique parmi tous les mammifères) a beaucoup contribué à faciliter la surveillance policière de leur pureté. Dans les sociétés patriarcales, la virginité des filles lors du mariage a pris une importance inouïe. Les histoires d'hymens « reconstitués », de déflorations simulées avec du sang de poulet ne datent pas toutes du Moyen Age : il y a moins de dix ans, un Français originaire d'Algérie, qui avait mis sa nièce enceinte sans la déflorer, la faisait accoucher par césarienne afin de pouvoir la marier « vierge » ...

Pourtant, au cours de notre enquête, nous avons constaté que la virginité des filles avant le mariage avait perdu une bonne part de son importance pour presque tous les hommes de moins de 25 ans. Curieusement, une fille non mariée peut être considérée comme « pure » alors qu'elle n'est plus vierge, ce qui demande un petit tour de passe-passe consistant à déplacer le sens du mot *pureté* : on ne désigne plus tant par là l'abstinence sexuelle complète que la capacité de rester fidèle à un seul homme — la naïveté et la sincérité du désir amoureux étant censées absoudre le péché de chair. Le mythe du Grand Amour exige toujours que la fille soit vierge au moment où elle rencontre celui avec qui elle va passer sa vie, puisqu'il est unique et prédestiné, mais les exigences de l'époque amènent quelques accommodements avec le ciel...

S'il reste préférable et toujours sécurisant d'être *le premier*, ce n'est plus vraiment nécessaire pour se marier avec une fille. Plusieurs jeunes disent même préférer le mariage avec des filles non vierges. Leur grand-père aurait pensé qu'épouser une vierge était une garantie de la fidélité de son épouse. Eux pensent le contraire : « Si ma femme n'avait connu que moi, n'aurait-elle pas envie d'essayer avec d'autres ? » Dans les deux cas, ce qui importe avant tout c'est la fidélité de la femme.

Mais si le tabou de la virginité prémaritale s'estompe peu à peu, il est aussitôt remplacé par un autre : la limite d'âge en deçà de laquelle on trouve inconvenant qu'une fille ait des relations sexuelles. Dans une discussion de groupe réunissant neuf hommes « de gauche », dont deux s'affirmaient « révolutionnaires », l'unanimité se fit pour blâmer des filles de quinze ans qui couchaient avec des garçons dans leur HLM. Pourtant, aucun d'entre eux n'était choqué par les rapports sexuels de garçons du même âge ; ils pensaient alors : « Tant mieux pour eux. »

Une conception normative de la vie sexuelle féminine

Au-delà de la diversité des connaissances générales ou des expériences particulières, le groupe masculin partage un ensemble de convictions communes sur la sexualité féminine, ensemble qui peut se résumer en trois points :
— les femmes sont moins « sexualisées » que les hommes ;
— elles ne peuvent pas dissocier sexe et sentiments ;
— il est préférable de les faire jouir si on veut les « garder » (et se sentir soi-même viril).

Mais ce qui pourrait être un constat assez juste de la façon dont les choses se passent effectivement aujourd'hui, les hommes le justifient comme faisant partie de l'ordre naturel et s'opposent ainsi à toute évolution. Claude explique par exemple que les femmes ont biologiquement moins de désirs sexuels que les hommes : le désir et le plaisir ne leur sont pas *naturels,* puisqu'elles peuvent s'en passer pour procréer. L'homme, au contraire, parce que son érection, donc son désir, est nécessaire au coït fécondateur, serait naturellement obsédé par le désir sexuel. Ainsi, les femmes ne sentiraient pas la répression sexuelle et n'en souffriraient pas. Il en voit d'ailleurs une preuve dans la constatation qu'elles ne draguent pas...

De même Pierre croira, pendant les premières années de son mariage, que les femmes « normales » sont sexuellement passives. Et pour Christian (17 ans) :

> Le mécanisme sexuel de l'homme est un mécanisme très simple, mécanisme éprouvé, breveté, fonctionnant à tous les coups. Il se retrouve tout naturellement en position... en position avantageuse, quoi ! Il sait plus facilement ce qui l'attend ; pas de surprise, pas de mystère... Pour une fille, c'est beaucoup plus fluctuant, ça dépendra des conditions dans lesquelles ça se fera. Alors, tout naturellement, le garçon, qui sait ce qui l'attend, doit à ce moment-là prendre les devants.

Une femme qui pourrait séparer sexe et sentiments, comme les hommes le font facilement, une femme qui pourrait faire l'amour sans être sentimentalement éprise serait aux yeux des hommes un peu « dénaturée ». Bernard dit crûment ce que beaucoup pensent, mais dissimulent derrière des nuances culturelles :

> Je pense qu'une femme doit y apporter plus de sentiments qu'un homme, dans ce truc-là. L'homme est un peu animal, il lui est très facile de dire « ma chérie » ; l'important, c'est qu'il ait « le bras en l'air », quoi ! Alors que la femme, je crois qu'elle doit plus se concentrer, elle doit se donner beaucoup plus totalement. A mon avis, c'est très rare les femmes qui sont sexuellement superficielles — je le pense sincèrement. Une femme ne peut faire l'amour sans sentiments ; un homme, oui. Une femme ne peut faire l'amour sans y être préparée. Une femme qui fait l'amour sans sentiments, pour moi elle a la même importance qu'une pissotière.

Enfin, faire jouir les femmes est devenu aujourd'hui l'une des composantes de la virilité. C'est un grand progrès par rapport au puritanisme, même si c'est par désir de possession, même si les hommes n'ont guère plus de science qu'avant. Faire l'amour avec une femme sans qu'elle jouisse (ou simule la jouissance pour avoir la paix) fait qu'on se sent gêné, partagé entre la crainte de n'avoir pas été à la hauteur et la résignation devant un cas insoluble de frigidité. La mauvaise connaissance qu'ont les hommes de la sexualité féminine les met parfois dans l'incapacité d'assurer leur possession sur une femme :

Je n'ai pas su mettre en pratique le peu de choses que je savais, et ça a fait flancher un peu mon premier mariage... C'est-à-dire qu'avec moi elle n'éprouvait aucun plaisir ; alors il fallait, bon, bah, faire un gros travail, appelons ça des agaceries, qui lui convenait très bien. Mais elle était très profonde... En deux mois et cinq jours, elle a peut-être joui deux fois, et encore avec une exacerbation prolongée. Alors c'était normal que ça flanche. Maintenant, ça se passerait tout autrement, il y aurait une meilleure connaissance de la chose, une meilleure communion ; si c'était maintenant, c'est peut-être un ménage qui aurait marché, alors qu'à ce moment-là il y avait insatisfaction : si tu ouvres une porte et que tu ne la refermes pas... tu te sens crispé, énervé. Ou alors ça aurait fini par un cocufiage, elle aurait cherché quelque chose ailleurs... Et, de toute façon, elle s'est remariée avec un Nord-Africain [1].

Contraception et avortement

Le ministre Royer, candidat à la présidence de la République, déclarait le 19 avril 1974 sur les antennes de RTL qu'il était un farouche partisan du coït interrompu. En ultra-réactionnaire, il préférait cette méthode contraceptive antédiluvienne, fondée sur la fameuse « maîtrise de soi » de l'homme : éminente qualité de l'homme bourgeois, partout présente dans l'idéologie [2], et qui, d'après Royer, différencierait l'homme de la femme... Il va sans dire qu'il se prononçait aussi contre l'avortement : pour que la France reste une grande nation, il faudrait qu'elle fasse de plus en plus de petits Français...

Or, le coït interrompu est responsable, comme la méthode Ogino, de nombreuses naissances indésirées. Il met la femme dans une position subordonnée, puisqu'il va dépendre de la maîtrise de son partenaire, et non d'elle-même, qu'elle ne se retrouve pas enceinte. Cela suppose que le coït ne survienne que dans un couple marié ou stable, jouissant d'un certain degré de confiance mutuelle et pouvant « régulariser » la situation en cas de grossesse. Ainsi, la sexualité en dehors du mariage et l'infidélité de la femme pour-

1. Le préjugé raciste attribuant aux Arabes des qualités viriles particulières est très répandu en France — aux Etats-Unis, c'est aux Noirs qu'on les prête... Mais cela prouve que c'est bien dans sa virilité que Bernard a été blessé.
2. L'apparition, et l'importance prise par elle dans l'éducation, de l'idée de maîtrise de soi à partir du XVIIᵉ siècle, est soulignée par Ph. Ariès dans *l'Enfant et la Vie familiale sous l'Ancien Régime*, Le Seuil, 1973. C'est un des concepts clés de la formation de l'homme bourgeois.

ront être sanctionnées, comme le souhaitent les défenseurs de la sacro-sainte famille.

Les réticences des hommes envers la pilule ou le stérilet semblent bien être motivées par la peur de la liberté sexuelle que l'utilisation de ces moyens de contraception permettrait aux femmes. Jean-Pierre, par exemple, ne désire pas que sa femme prenne la pilule : c'est d'abord pour des raisons qu'il appelle « psychologiques », ensuite seulement parce qu'il a peur que les futurs enfants d'une femme qui prend la pilule ne soient pas normaux.

Les jeunes, plus favorables à la pilule ou au stérilet que leurs aînés, ne se montrent cependant pas toujours très coopératifs. Ainsi Jean-Louis, qui ne veut pas s'occuper de ces problèmes :

C'est aux filles de se démerder.

Enfin, des hommes peuvent apprécier que leur femme utilise une contraception moderne, mais ne pas vouloir en entendre parler pour leurs filles, qu'ils prétendent toujours « trop jeunes » pour avoir des rapports sexuels.

En tout cas, la contraception reste une affaire de femme. Aucun homme ne se plaint de ne pas disposer d'une contraception moderne et efficace pour lui-même, puisque la pilule existe pour les femmes. L'idée d'une pilule pour hommes est mal acceptée ; elle leur paraît une menace pour leur virilité. Ne diminuerait-elle pas leur puissance, leurs performances sexuelles ? Leur sperme peut-il se transformer en une sécrétion anodine sans que leur identité de mâle n'en souffre ? D'ailleurs dans l'état actuel des relations entre hommes et femmes, la pilule pour hommes ne déchargerait guère les femmes d'une précaution contraceptive personnelle, sauf dans le cas d'une relation déjà stable, empreinte d'une certaine confiance mutuelle. Car, c'est bien la femme qui se retrouvera enceinte lorsque son partenaire aura oublié sa pilule ou lui aura délibérément menti...

Les mêmes hommes, parmi nos interviewés, qui demeuraient hostiles à la contraception féminine, étaient bien souvent moins réticents quant à la légalisation de l'avortement. Il peut paraître paradoxal qu'un homme accepte mieux l'idée de l'avortement pour sa femme ou sa maîtresse que celle de l'utilisation de la pilule ou du stérilet. Mais, dans la plupart des cas, l'explication est simple : l'avortement reste une épreuve pénible et traumatisante pour la plupart des femmes et ne risque guère de les entraîner, comme la pilule, à une plus grande liberté sexuelle.

Les jeux de l'amour
sans le hasard

Les conceptions amoureuses masculines

C'est toujours au nom de l'amour que sont justifiées « moralement » les conduites les plus aliénantes et destructrices dans le domaine des relations sexuelles, du mariage et de la famille. Sous l'aspect du Grand Amour, il occupe une position centrale dans la formation et la vie des femmes. Il les prépare en particulier à se satisfaire d'un rôle exclusivement familial et ménager. A la jeune fille cloîtrée et complètement dépendante, il apparaît comme le seul espoir d'émancipation. Il reste, aux yeux de beaucoup d'entre elles, la seule chose qui vaille vraiment la peine d'être vécue.

Les hommes donnent rarement à l'amour une telle importance. Rien de plus logique, si l'on considère la nécessité où ils sont de se livrer à la compétition dans le champ social et privé, et de chercher à dominer pour être reconnus comme des hommes véritables. Aussi n'aiment-ils guère parler de l'amour autrement que dans le sens de « faire l'amour », ou pour qualifier les sentiments que les femmes leur portent. On ne peut dire pourtant qu'ils ne soient pas « aimants » ; souvent, ils sont plus épris et plus constants qu'ils ne le prétendent eux-mêmes. Mais ils croient à l'amour de la façon dont les hommes de certaines campagnes croient en Dieu : ils ne vont pas à la messe, mais trouvent bon que leurs femmes y soient assidues et que leurs fils fassent leur première communion. Ils pensent que tel est l'ordre des choses masculines et féminines, que cela renforce l'esprit de famille et finalement protège leur domination sur les femmes. De même, ils se gardent bien de nier l'amour, mais se contentent souvent d'en profiter tout en laissant aux femmes le soin d'en alimenter le culte.

Le contenu de ce qu'on appelle « amour » reste tout aussi indéfinissable pour eux qu'il l'est pour les femmes : on ne peut jamais être sûr de le rencontrer, et le terme peut désigner aussi bien une relation sexuelle d'une nuit qu'une passion unique et éternelle, aussi bien un sentiment exalté que la justification d'une vie de famille paisible. En fait, l'amour est une auberge espagnole que chacun remplit à sa convenance, la mystification tenant essentiellement à la valeur universelle que tout le monde s'accorde à lui reconnaître.

Cependant, par rapport à l'idéal amoureux féminin, la principale caractéristique de l'amour tel que les hommes le conçoivent réside dans la disjonction de l'attachement sentimental et des rapports sexuels. Les sentiments peuvent très bien suivre la satisfaction sexuelle et non la précéder. Et un homme ne dira à une femme : « Je t'aime », de préférence à : « Je te désire », qu'en vue de trouver un terrain d'entente verbale avec elle. Ce que Bernard explique :

> Tu ne peux pas baiser de but en blanc, il faut faire le classique cinéma masculin : ma chérie, je t'aime, etc.

Si l'homme juge nécessaire de travestir ainsi un désir sexuel qui n'est ni unique ni éternel, c'est qu'il sait bien que ses partenaires éventuelles préfèrent entendre un aveu de sentiments profonds et durables. Là encore, le mot « aimer » est une source de mystification. Certes, les femmes n'en sont pas toujours dupes. Mais, dans la mesure où le modèle du Grand Amour se révèle incroyablement enraciné chez la grande majorité d'entre elles, elles préfèrent interpréter d'abord ainsi ce genre de déclarations.

Le code amoureux pousse donc les garçons, s'ils veulent coucher avec une fille, à venir sur le terrain qui « marche » ; celui des grands mots et des grands sentiments, celui de la duperie par excellence. Et le petit jeu de colin-maillard entre les sexes commence.

> Pour moi, l'amour c'est d'abord l'attirance physique. C'était le coup de foudre que j'avais régulièrement en voyant une fille dans la rue... J'étais malade, j'étais nerveux, je pensais sans arrêt à cette fille. Il fallait que je me fasse remarquer par elle, que je la voie le plus souvent possible, pratiquement tout le temps. Une fois que j'avais obtenu ce que je voulais, ça commençait à me faire chier ; ça me passait souvent aussi vite que ça m'était venu. (Christophe)

Parfois, des adolescents férocement réprimés, élevés dans des familles et des institutions très religieuses, vont se laisser prendre entièrement dans les interdits du sexe. La moindre manifestation sexuelle sera coupable, dès lors qu'elle apparaîtra en dehors du ma-

riage et du couple prédestiné. Masturbation, fantasmes, pensées
« impures » deviennent une effrayante litanie que des adolescents
pieux et rougissants dévident à confesse. Les femmes sont alors
placées sur piédestal, créatures pures et fragiles, infiniment respec-
tables, parce que promises au rôle sacré d'épouses et de mères.
Dans ces conditions, certains adoptent la version enfantine et dé-
sexualisée, réservée aux femmes, celle du Grand Amour. Les modèles du play-boy et du Séducteur, auxquels les autres garçons
essaient de ressembler, sont vite repoussés par eux au profit du
modèle du Chef de famille. Pour ces petits jeunes gens sérieux,
devenir quelqu'un, acquérir du pouvoir, deviennent les seuls moyens
de se rendre digne d'une femme.

> Je ne voulais pas jouer au petit coq, dit Pierre, je ne pouvais
> absolument pas siffler les filles ou rouler les mécaniques... J'avais
> très peur de l'acte sexuel, ça cassait tout ce que j'essayais d'englo-
> ber dans l'amour : énormément de respect pathologique. Le
> respect, c'était d'éviter tout contact physique. Je dépréciais énor-
> mément les filles que j'aimais bien, mais que je voyais flirter.

Il n'ose pas non plus se masturber. Vers 15 ans, il est très amoureux d'une fille qui l'excite beaucoup ; mais il la considère comme
intouchable, puisqu'il l'aime et que c'est « une fille bien », qui
ne flirte pas. A 17 ans, il va dans des surprises-parties, mais y
flirte rarement :

> Ça ne m'intéressait pas, c'est ce que je me disais... Ça m'intéres-
> sait certainement, mais je n'arrivais pas à faire le pas. Je crois que
> j'ai toujours ressenti que j'avais un manque par rapport aux
> autres. Je plaçais très haut la pureté, tout ça, mais j'avais cons-
> cience que j'avais tort de les placer si haut. J'avais conscience
> qu'il fallait descendre la femme de son piédestal, mais tout en
> l'acceptant telle, sans la trouver salope...
> Refusant le baratin, je n'avais alors que deux attitudes possibles :
> les filles qui me plaisaient, je ne pouvais qu'essayer de leur faire
> croire que je voulais seulement des relations d'amitié... jusqu'au
> moment où elles allaient flirter avec un autre. Ou bien, si la
> fille était jolie, mignonne, mais sans rien dans la tête, j'essayais
> de passer à l'acte d'emblée, sans préambule. Bien sûr, je me
> faisais remettre à ma place. Il n'y avait pas d'entre-deux. Inutile
> de dire que j'ai eu une somme d'insuccès fabuleuse !
> L'amour, c'était très idéalisé, ça n'incluait pas les rapports
> sexuels. Le sexe, c'était secondaire ; parce que je ne comprenais
> pas ce que c'était, ça ne me paraissait vraiment pas privilégié.

Ce que je voulais inconsciemment, c'était trouver une situation sécurisante.

Aussi, même les hommes qui croient au Grand Amour ne disent pas, comme les femmes qui ont eu la même éducation catholique et puritaine : « Aimer, c'est se donner, se dévouer, se sacrifier même sans espoir de retour ! » Ils disent plutôt : « L'amour, c'est rencontrer une femme qui vous aime et vous apporte beaucoup. » L'amour, pour un homme, c'est d'abord une situation où il est aimé, qui lui apporte une sécurité affective et qui prouve à tous, y compris à lui-même, qu'il est séduisant, « aimable ».

C'est peut-être pourquoi la plupart ne se sentent vraiment amoureux qu'au début d'une liaison ou à la fin ; quand la possession est assurée et qu'aucun rival sérieux ne la menace, les hommes disent qu'il aiment bien leur femme, mais rarement qu'il en sont amoureux.

L'image du Grand Amour, ou de l'amour fou, attire aussi les séducteurs, mais seulement comme une exception, un accident, une limite. La recherche de cette unité du sexe et des sentiments, qu'ils n'ont « encore » jamais trouvée, justifie la séduction sans fin à laquelle ils se livrent. Mais s'ils trouvaient enfin la femme idéale, celle qui serait capable de leur donner la clef introuvable des secrets de l'amour, ils seraient eux aussi piégés, liés à une vie de couple plus ou moins fidèle. En attendant, ils se plaisent à ce jeu de séduction et de vengeance qui consiste à faire souffrir les femmes parce que l'une d'entre elles les a déçus.

Mais la véritable ligne de partage entre les idéologies amoureuses masculine et féminine n'est pas tant la croyance au mythe du Grand Amour, que l'importance accordée aux relations amoureuses par rapport à la vie professionnelle et publique. Les hommes en effet, qu'ils vivent en séducteurs « libres » ou en couple, qu'ils cherchent ou refusent le Grand Amour, qu'ils privilégient le sexe ou au contraire les sentiments, en fin de compte se retrouvent d'accord pour ne pas faire de leurs rapports amoureux le but de leur existence, contrairement à ce que notre société exige des femmes.

On trouverait bien peu d'hommes qui aient, autrement que de façon épisodique, abandonné leur désir de carrière, de promotion et de réussite sociale, au profit de leurs rapports avec les femmes. Et de ceux-là, on peut dire qu'ils ont vraiment adopté une attitude *féminine* devant l'amour.

Bien sûr, le désir de plaire aux femmes peut amener des ado-

lescents, ou des hommes jeunes, à venir sur des positions « féminines », en privilégiant pour un temps le domaine amoureux. Ils ne
jouent plus alors le jeu viril traditionnel et acceptent d'être « dominés », ou au moins d'entretenir une relation égalitaire. Mais le
plus souvent, ça ne dure guère, et ils retournent au *machisme* habituel.

> Il y a les anciennes idées que j'avais sur l'amour : j'ai adoré
> une femme comme une idole, mais j'étais trop con. C'est le con-
> traire qu'elle aurait voulu. Elle aurait voulu être non pas bru-
> talisée mais... menée, tutellée par quelqu'un qui soit plus ferme,
> plus rigide qu'elle. Elle se trouvait devant un mec qui était en
> extase, qui était là, qui l'adorait. (Bernard, parlant de sa première
> femme)

Les quelques rares hommes, parmi nos interviewés, qui avaient
abandonné l'idée de pouvoir sur les femmes, avaient en commun
d'avoir vécu une enfance particulièrement dépourvue d'affection et
de contacts avec les femmes, ou encore une rupture brutale avec
leur classe d'origine et ses valeurs. Moins stables que d'autres, ayant
peut-être davantage besoin d'une relation profonde avec leur
partenaire, ils avaient, parfois contre leur gré, renoncé au rôle viril
traditionnel.

Aujourd'hui comme hier, pourtant, la valorisation de l'amour est
à la mode. Elle fleurit à droite comme à gauche. On revendique
l'amour vrai, pur, sincère, fou, le *love and peace*, contre la froideur,
la misogynie, l'hypocrisie de l'union bourgeoise traditionnelle. On
inclut quelques revendications féministes, on refuse de considérer les
femmes comme des objets sexuels, on prêche la conversion des
hommes à l'amour vrai. Et voilà le vieil amour remis à neuf, prêt
à servir à nouveau. Mais cette conception d'un amour nouveau,
vrai, permettant l'épanouissement des individus, n'est en rien révolutionnaire. Là encore, l'amour n'est qu'un mythe, qui masque la
nature et la réalité des conditionnements imposés aux individus pour
les empêcher d'organiser leur « vie privée » en dehors du mariage
ou du couple stable. On ne s'aperçoit pas que c'est, mis à une
nouvelle sauce, le même vieux mythe que la bourgeoisie a cultivé
pendant des siècles, parce qu'il justifiait la condition subalterne de
la femme et la répartition sexiste des rôles sociaux. Le problème
n'est pas d'exalter une nouvelle mouture de l'amour, mais de se
demander ce que signifie ce fameux sentiment universel. Rabattre
les aspirations des individus à des relations sexuelles et affectives

plus satisfaisantes, leur « ras-le-bol » et leur dégoût des drames conjugaux, sur un amour régénéré qui enfin tiendrait les promesses immémoriales, constitue une véritable escroquerie. Bien des contestataires s'y laissent prendre, oubliant qu'il faut de nouveaux mots pour nommer des choses nouvelles.

L'amour est un mot auquel tous se réfèrent comme à un fait d'évidence, universel et que chacun charge du contenu qui l'arrange. Eviter de préciser ce contenu permet de perpétuer la duperie qui situe le sexe et l'amour au-dessus des classes. Or l'analyse historique et sociale de l'amour, tel que chacun l'a intériorisé dans notre société, révèle immédiatement sa fonction mystificatrice et réactionnaire. Faire l'économie de ce travail conduit à abandonner toute la vie quotidienne à l'idéologie dominante et à participer au maintien du *statu quo*.

La politique du sexe

Les approches

La manière d'entrer en contact avec une femme, de la « draguer », de lui faire la cour demande tout un apprentissage. Les théories biologisantes sommaires extrêmement en vogue, qui comparent la conduite sexuelle masculine à l'agressivité des mâles d'autres espèces animales, et lui donnent ainsi une justification, sont très dangereuses. Ce serait dans la nature humaine, dans le code génétique qu'il faudrait chercher l'explication du fait que l'homme se montre sexuellement plus entreprenant que la femme. Réfuter ces thèses n'est pas notre objet ici [1], mais tout ce que nous avons pu observer de la formation des conduites masculines s'oppose à elles.

C'est la norme sociale qui veut que, chez nous, la femme attende plus ou moins sagement les avances masculines. Une femme qui inverse les rôles en manifestant ouvertement son désir sexuel, s'expose à une punition d'ordre moral (être considérée comme une putain) mais aussi à une frustration concrète : la fuite de l'homme désiré, ou son impuissance. Plusieurs hommes nous ont avoué perdre tous leurs moyens dans de telles situations.

1. On peut lire dans cette optique le livre d'Alexander Alland, *la Dimension humaine* (le Seuil, 1974), en réponse aux thèses des Lorenz, Audrey, Desmond Morris, etc.

Nous savons déjà que, pour Bernard, l'homme doit faire le cinéma classique, pousser la femme dans ses retranchements, conquérir chaque nouvelle privauté. En dehors du scénario et du rôle habituels, il la méprise :

> Il y en a avec qui je m'en fous totalement, c'est un trou a boucher, je vais tirer mon coup, et je lâche la purée. Puis : « Dis-donc, j'ai un rendez-vous, tu te dépêches ! » Ça dépend de la fille : si elle parle comme un charretier, la liaison se fait pas ; si c'est un petit objet mignard, j'aurai plus d'attentions, je serai moins rude. Si c'est une bonne harengère, ça se passe très rapidement.

On remarquera que le rôle symbolique du langage, la grossièreté de l'expression sont pour lui l'emblème d'une certaine liberté sexuelle. Bernard sera d'ailleurs très troublé quand lui, prolétaire arrivant dans une communauté après plusieurs mariages, verra des femmes « intellectuelles » se conduire de façon directe et active avec les hommes, sans pour autant utiliser un langage grossier, « non féminin » selon ses valeurs.

La technique de drague de la plupart des adolescents n'est pas encore au point ; ils trouvent difficile l'apprentissage de leur rôle et ne savent pas très bien comment s'y prendre pour sortir de leur misère sexuelle. La condition masculine ne leur paraît pas simple, parce qu'elle les oblige à faire les avances et à souvent essuyer des refus pénibles pour leur amour-propre. Plus ils sont jeunes et plus ils souhaitent que les filles fassent les premiers pas ou, au moins, la moitié du chemin : cela loin de les rendre impuissants, les excite au plus haut point. Ce désir ne signifie pas qu'ils souhaitent renoncer au rôle dominant, mais au moins qu'ils ne sont pas encore enfermés dans un rituel rigide.

Dominer

Dans le sexe, plus qu'ailleurs encore, il faut être un chef. Le pouvoir s'y acquiert, en particulier grâce à l'exercice d'une capacité soi-disant biologique : la puissance sexuelle. La fille à qui l'on fait l'amour doit être subjuguée ; sinon, c'est qu'on n'a pas été à la hauteur. Or, si elle est aussi libre de son corps, aussi avertie et expérimentée que l'est son partenaire, si leur échange se place à un niveau d'égalité sexuelle, la domination n'est plus possible.

La possession, puisqu'on dit « posséder » une femme au sens de faire l'amour avec elle, implique une inégalité dans la liberté de disposer de son corps et de son sexe. Pour pouvoir posséder une femme, il faut qu'elle-même ait déjà été dépossédée de quelque chose : de l'aptitude à jouir de sa propre sexualité. Aussi les mâles ne posséderont-ils vraiment, sous cet aspect, que les femmes qu'ils auront initiées. Le plaisir qu'ils arriveront peut-être à leur « donner », malgré les défenses et les pudeurs érigées par une éducation de filles, leur reviendra sous la forme d'une reconnaissance éblouie, c'est-à-dire presque toujours d'une dépendance. D'où une contradiction : si tous les interviewés, ou presque, avaient envie de rencontrer des partenaires plus intéressées par le sexe, plus sensuelles, « meilleures affaires », ils se sentaient menacés par les femmes trop libres, trop émancipées à leur goût.

Dominer, être le chef, donner des ordres, cela n'a de sens que dans une société autoritaire où existent des gens déjà dominés et prêts à obéir. L'ennui, c'est qu'on ne peut jamais être certain que les choses continuent ainsi indéfiniment, notamment pour ce qui est des femmes, depuis l'émergence des mouvements de libération et des luttes qu'ils animent ou soutiennent. L'incapacité actuelle des hommes à jouir en dehors d'un rapport de domination fait alors de l'impuissance un spectre de plus en plus menaçant.

Tant que la vie sexuelle sera vécue selon l'opposition puissance-impuissance, elle sera phénomène de pouvoir, et le sexe immédiatement politique. L'exercice de son rôle de chef, tant sur les femmes que sur ses inférieurs dans la hiérarchie sociale, fait de l'homme un être figé dans la défense de ses privilèges, hostile à toute modification du *statu quo* sexuel, familial et souvent social, même lorsqu'il en est lui aussi une victime : si l'on subit journellement les humiliations et les brimades d'un emploi subalterne, la tentation d'appliquer ce même genre d'oppression à sa femme et à ses enfants sera grande. « Charbonnier, certes, mais maître chez soi. » L'impuissance, tant redoutée des hommes, peut effectivement survenir, pour sanctionner cette organisation morbide, à la moindre tentative d'émancipation de la compagne.

Bien qu'ils jouissent d'avantages réels dans notre société, les hommes paient dans leur corps les brimades qu'ils infligent ou subissent. Ils sont acculés à la mentalité de l'adjudant qui, traité comme peu de chose par ses supérieurs, se venge sur les bidasses et ne peut finalement compter sur l'affection de personne.

L'idéologie masculine incite tout homme non seulement à être « maître chez lui » mais aussi, on l'a vu, à être « maître de lui ». Or on ne réussit à imposer à un individu cette « maîtrise » que si on l'a persuadé de la nécessité de la frustration et amené à se résigner à la transformation de son corps, d'un organe de plaisir qu'il était, en un organe de performance et de travail aliéné. Rester « maître de soi » dans les rapports sexuels facilite la domination de la partenaire, mais se traduit aussi par une diminution de la jouissance. Les femmes s'étonnent souvent de la retenue masculine dans l'expression du plaisir ; les hommes, même au moment de l'orgasme, étouffent les manifestations qu'elles-mêmes trouvent naturelles. Se laisser aller demeure synonyme de féminité, alors les cris et les mots de l'amante feront, au contraire, l'orgueil et la satisfaction du mâle en action, et de nombreuses femmes comprendront vite que, si elles ne ressentent rien, elles ont intérêt à simuler le plaisir le plus vif.

La performance sexuelle

Dans notre échantillon d'enquête, les hommes qui souffraient d'impuissance, d'éjaculation précoce, ou d'une incapacité à trouver une « façon de faire » qui fasse jouir aussi leur partenaire, n'étaient pas rares.

D'autres avaient vécu des fiascos sexuels, c'est-à-dire des absences d'érection temporaires et accidentelles, pour avoir bu trop d'alcool ou pour n'avoir pu chasser l'image de leur femme ou de leur petite amie attitrée. Ce genre d'incidents peut avoir un retentissement démesuré sur un homme : il s'est senti ridicule, incapable de soutenir l'image virile à laquelle il croit devoir se conformer. Et l'appréhension naît : est-ce que cela ne va pas se reproduire ? N'est-ce pas le début d'une maladie, de l'impuissance et de la sénilité ? Ces constructions anxieuses sont infinies et ne peuvent, bien sûr, que renforcer les inhibitions et multiplier les fiascos.

Plus la sexualité est conçue comme un lieu de performance, plus l'angoisse de devenir impuissant est forte. Les vantardises sur le nombre de « coups » tirés en une nuit sont caractéristiques du folklore masculin. L'exploit est ici calqué sur le modèle sportif. Or la satisfaction sexuelle n'a que peu à voir avec les records, et la résolution d'une tension sexuelle peut fort bien s'accomplir en un seul orgasme. De plus, une femme sera-t-elle si admirative d'un partenaire qui aura eu cinq ou dix orgasmes dans la nuit, si elle-même n'en a éprouvé aucun ?

L'histoire d'Henri, pour si extrême qu'elle soit, n'en demeure pas moins révélatrice : pendant toute la période où il pratique le sport cycliste en compétition, il n'a pratiquement pas de rapports sexuels avec les femmes. Il est alors fier de posséder « la condition physique exceptionnelle du cycliste ». Quand il abandonne la course, il reporte « la même rage de compétition, la même combativité » dans le sexe. Et, selon lui, grâce à cette condition physique de sportif il accomplit d'extraordinaires prouesses sexuelles. La liaison entre le surentraîne-ment de type sportif et la puissance orgastique reste pour le moins à démontrer ! Mais, quoi qu'il en soit, Henri ne s'en trouve nulle-ment heureux, et se plaint au contraire d'avoir été amèrement déçu : il n'aurait pas trouvé dans le sexe, comme dans le sport, « une bonification », mais « un amoindrissement, presque une déchéance ».

On retrouve là une des nombreuses idées reçues sur le sexe : il serait dangereux d'en abuser, cela amoindrirait et userait les hommes. C'est la même idée qui sert souvent à réprimer la mastur-bation adolescente.

> Je pense que je domine mon sexe ; ça, c'est une chose importante.
> Disons que maintenant, si je suis usé, ce n'est pas pour rien !

En amour aussi, il y aurait des champions : les Don Juan, les séducteurs, dont les succès seraient dus à une énorme capacité sexuelle. La méconnaissance de la sexualité féminine permet d'entre-tenir de pareilles équivoques, surtout quand les individus baignent dans une ambiance permanente d'élitisme. Dans le sexe aussi, il faudrait gagner, et ce serait la récompense des plus forts. On ne peut cependant fonder la « possession » permanente d'une femme sur la performance. De ce point de vue, les lendemains ne chantent pas toujours : les désirs sexuels pour une même personne se ralen-tissent habituellement au bout de quelques mois ou de quelques années, on vieillit, il faut assurer la vie, la retraite. Le séducteur manqué se transforme en père de famille pour qui il n'y a pas que « ça » dans la vie. Le mariage est venu à point pour lier l'épouse au foyer, au mari, aux enfants, il est alors beaucoup moins dan-gereux que les soirées se limitent au journal et à la télévision. Avec une famille pour s'occuper, une femme risque beaucoup moins de vous être enlevée par un mâle plus « performant ».

Le danger du sexe en liberté

Le dualisme profond entre amour et sexualité, que nous avons rencontré chez les hommes ayant subi l'influence d'une éducation religieuse, colle très bien avec l'hypocrisie de la morale bourgeoise :

d'un côté, des filles pures et réservées, pour faire des épouses estimables ; de l'autre, des femmes légères ou des putains qu'on méprise, pour la rigolade. Mais dans une religion où le sexe est péché, impureté, déchéance, la double morale est parfaitement intériorisée. Ainsi Charles pensera sincèrement que « c'est con de baiser une fille que tu ne connais pas assez ». Il aura peur que ça empêche que d'autres rapports (d'estime, d'amitié, de compréhension) puissent se nouer. Quand il a rencontré la fille avec qui il vit maintenant, il tenait à ne pas faire l'amour « trop tôt » avec elle.

Le sexe est facilement identifié à de la bestialité si quelque chose de plus élevé, de plus moral, de plus spirituel ne vient pas le racheter. On est étonné de constater que pour cette catégorie d'hommes croyants, il y aurait presque incompatibilité entre rapports sexuels et rapports intellectuels avec une femme — à l'exception de l'épouse légitime, sans doute.

On ne peut que s'effarer des limites que les Eglises réussissent encore à imposer à la capacité de bonheur des individus. Ainsi Guy, pourtant critique par rapport à la religion, reste persuadé que le changement de partenaire sexuelle modifie le psychisme de l'intéressé et entraîne des conséquences graves. Il tient donc la fidélité conjugale pour une absolue nécessité. Il croit, par ailleurs, que la sexualité humaine est réglée par des cycles de sept ans et que les problèmes apparaissent dans un couple au bout de sept, quatorze, vingt et un ans de vie commune...

Nous avons retrouvé cette croyance à des cycles chez certains athées. Gilles, qui a suivi des études supérieures de physique, croit biologiquement démontré que le besoin de renouvellement de partenaire sexuel se produit tous les quatre ou cinq ans. Que veulent dire ces statistiques sentimentales, sinon que la lassitude sexuelle et l'intérêt pour d'autres femmes n'osent pas s'avouer comme tels ? Se heurtant aux conventions religieuses ou morales de l'union monogamique, ils cherchent des rationalisations pseudo-scientifiques qui leur permettent d'élargir un peu les normes sans toucher à l'essentiel.

En dehors des normes, le sexe fait peur. C'est ce qui limite la pratique du « sexe de groupe ». Certes, se retrouver dans un lit avec deux filles, par exemple, reste un des poncifs de l'imagerie sexuelle masculine, un exploit, une incontestable preuve de virilité et de savoir-faire. Pourtant, seul un de nos interviewés était, semble-t-il, passé aux actes. Et quand les autres hommes envisageaient une telle expérience, ils s'imaginaient forcément au centre de la relation et n'envisageaient pas que les deux filles puissent avoir un échange sexuel direct.

Quelques hommes, même s'ils reconnaissent que l'idée les excite sexuellement, refusent de la réaliser : ils ne supporteraient pas, disent-ils, d'être vu par une tierce personne en train de faire l'amour ; surtout ils invoquent la peur « d'aller trop loin sur la pente du vice », l'avilissement qu'entraîneraient des rapports « purement physiques » — tellement il leur semble évident que des rapports à plus de deux personnes ne peuvent qu'être tels...

Ils ont plus de mal encore à envisager la situation où il y aurait une fille et deux garçons, et cela même s'ils ont déjà eu des expériences homosexuelles. En somme, ce qui les retient, hommes, de pratiquer une sexualité de groupe, c'est, au-delà de la difficulté de trouver des partenaires, la jalousie par rapport aux autres mâles, parfois la crainte d'une ambiguïté homosexuelle et, presque toujours, la peur de franchir la norme.

La « partie carrée » est ce qui peut sembler à la rigueur le plus acceptable, surtout pour autant qu'elle ne comporte pas de relation sexuelle à plus de deux. En effet, on n'y fait en général qu'échanger ses partenaires, et l'intimité des ébats reste à peu près entière. Si la vogue des *swinging couples* s'est répandue dans les classes moyennes américaines ou européennes, c'est surtout parce qu'elle permet de rompre sans trop de risques la monotonie sexuelle du couple marié. On peut garder une parfaite discrétion, s'amuser entre personnes du même milieu et surveiller à chaque moment ce qui se passe pour chacun. Les couples entre qui l'échange se pratique s'assurent d'abord que personne ne veut faire de scandale ni enlever un mari ou une femme à leurs légitimes propriétaires. Après ce brin de fantaisie et d'aventure, tous retrouvent leur quiétude familiale avec la délicieuse impression d'avoir bravé les préjugés.

Philippe, à 15 ans, n'imagine que cette solution pour pallier l'éventuel ennui de sa future vie conjugale. Il chercherait alors, parmi ses amis, un couple avec qui ça pourrait se passer gentiment et surtout sans risques pour la paix de son ménage.

L'homosexualité

Six hommes nous ont relaté au moins une expérience homosexuelle. Six autres admettaient avoir ressenti une attirance sexuelle pour des hommes, mais sans être passés aux actes. Or, trois hommes seulement sur l'ensemble considéraient l'homosexua-

lité comme pouvant être une relation humaine valable. Les autres
la jugeaient comme une maladie, et les homosexuels comme des
anormaux, ou alors la toléraient, mais avec mépris ou dégoût.

Ainsi Gérard qui, boulevard St-Michel à Paris, rencontre un jeune
homme, et le soir même, fait l'amour avec lui — en conservant
« le rôle du mec » : il en parle de façon puritaine, comme de
quelque chose d'un peu dégradant, qui lui a permis « d'assouvir
ses pulsions, sa libido ».

Si les désirs homosexuels sont aussi culpabilisés, c'est que la
famille se conduit de façon particulièrement répressive à cet égard.
La possibilité qu'un enfant ait des « tendances » ou un destin
d'homosexuel est redoutée comme une calamité par ses parents et
son entourage. Dans les milieux populaires, les insultes les plus
graves, s'adressant à un homme, sont certainement celles de
« pédé », « enculé », « tapette », etc. Selon le jugement commun,
l'homosexuel n'est pas un homme, il ne peut être qu'un impuissant — une femme. « L'homosexualité, dans mon milieu, on en rit »,
confie Christian, fils d'ouvrier.

En fait, les familles les plus intolérantes par rapport à l'homosexualité sont en général celles qui sont les plus menacées, dans
leur existence même, par les tentations de leurs propres membres.

> Mes parents avaient une terreur folle que je devienne pédé,
> qu'on devienne pédés, mes frères et moi, dit un interviewé. Une
> terreur folle, une véritable phobie, des pédés... On parlait beau-
> coup de féminité, de pédérastie, d'homosexualité dans la famille.
> Ma mère voulait qu'on soit des hommes, y a pas de problème !
> Mais pas dans le sens viril, dans le sens réussite. Pas dans le
> sens créer un foyer, y avait pas tellement cette histoire de viri-
> lité chez nous.
>
> Entre moi et mes frères, il y a eu quelques rapports homosexuels,
> quelques contacts incestueux ; des caresses. Il y a eu une tenta-
> tive de pénétration ; mais ça n'a pas marché, mon frère s'est
> arrêté avant, ça faisait trop mal. Mais moi, je pense que c'est
> pas grave chez les frangins : c'est normal, c'est comme jouer à
> touche-pipi quand on est môme, entre garçons.
>
> Mon père a eu des incestes avec moi, et avec tous mes frères.
> Il venait la nuit nous branler et nous tailler des pipes. Dès
> dix ans et même avant. Ça commençait par les oreilles et ça
> finissait par la quéquette. Pour nous, c'était vraiment deux per-
> sonnes distinctes : celui qui vivait la journée et celui qui vivait
> la nuit. On essayait de faire des différences, on était obligé.
> *Et vous aimiez ?*

Bien sûr ! Quand on te tâte la quéquette et que tu as dix ans ! On en parlait même entre nous, avec un de mes frères. Heureusement, d'ailleurs ! On demandait : « Il est venu te piper cette nuit ? — Oui ! — Oh ! moi, j'aimerais bien. » C'était à ce niveau. *Ta mère était au courant ?*
Elle a été mise au courant plus tard. Ç'a été terrible ! (...) Ça avait duré de mes 10 à mes 15 ans avec mon père, et je crois que ça m'a vachement perturbé sexuellement. Je crois, je n'en sais rien. De toute façon, je vois mon frère vivre et nous portons des marques communes.
Une nuit, j'ai voulu tuer mon père avec un sabre. Ça devenait un problème moral. Des fois, j'en pouvais plus. Et puis, je me suis aperçu que ce n'était pas si bien que ça ; il y avait déjà eu des histoires à cause de ma mère qui s'en apercevait. Il aurait dû s'arrêter avant. Parce qu'en fait, ce n'était peut-être pas si mal que ça, d'éduquer le sexe de son môme. (Claude)

Dans les collèges, à l'armée, dans les prisons, s'exerce parfois une véritable exploitation sexuelle. Les institutions où règne une discipline absurde et déshumanisante avec en particulier interdiction de toute vie hétérosexuelle, ne peuvent que favoriser certains à utiliser leur pouvoir hiérarchique pour se constituer un harem. Dans les prisons, les caïds du milieu exercent une coercition de ce type sur d'autres détenus, avec la complicité des matons, aux yeux de qui la hiérarchie du milieu doit être respectée pour que le calme règne. Les histoires d'adolescents tripotés par leurs éducateurs sont également nombreuses. Nous n'entendons pas cependant dénoncer ces pratiques au nom d'une soi-disant « innocence » de l'enfant, mais plutôt souligner qu'un système éducatif fondé sur la coercition et sur l'hypocrisie sexuelle ne peut que perturber gravement l'autonomie sexuelle des enfants. L'homosexualité, comme toute forme de vie sexuelle, ne peut être heureuse qu'à condition d'être libre.
Le récit qui suit illustre que la peur masculine de passer aux actes s'appuie au moins autant sur la crainte quasi magique de se voir transformé en un être féminin que sur un sentiment de culpabilité.

J'aurais aimé savoir ce que ça pouvait apporter physiquement, d'abord. Est-ce que ça amène des sensations nouvelles ? Et puis, passé ce truc physique, est-ce que des relations d'homme à homme pouvaient amener quelque chose qui soit plus pur finalement qu'avec une femme ? Entre personnes du même sexe, tu dois finir par avoir une amitié plus profonde, qui doit déboucher sur une forme d'amour. L'état d'amitié poussé plus loin, parce

qu'on n'a plus rien à cacher. Et je pense qu'entre personnes
du même sexe, ça doit être beaucoup plus facile de tout se dire,
qu'entre personnes de sexe différent... Parce que pour l'homme et
la femme, les goûts et les sensations sexuels ne sont pas les
mêmes. Alors qu'entre deux personnes du même sexe, je pense
que l'un sait très bien ce que l'autre ressent, pense, désire. Et je
pense que ça doit être finalement plus vrai.
Ces gars-là, moi, je ne les critique pas. Ce que j'aime pas,
c'est la tapette qui cherche le mâle à tout prix ; mais arrivé à
un certain stade d'idéalisation de l'affaire, c'est possible que ça
soit pas mal.
Mais je n'ai jamais pu essayer physiquement. Le physique de
l'affaire, entre hommes, me répugne ; ça me paraît dégueulasse.
J'ai toujours eu le respect de mon corps et ça me paraît une
injure à mon corps. A l'armée, un adjudant a essayé de me draguer ; alors là, j'ai eu une révolte de tout moi et je lui aurais
foutu sur la gueule, tout adjudant qu'il était ! (Luc)

L'idée de pénétration anale entraîne des réactions de ce genre,
parce qu'être pénétré semble le signe distinctif essentiel du sexe
féminin. Ainsi, dans l'imaginaire de notre société, toute pénétration
serait féminisante. L'impuissance et l'homosexualité sont souvent
associées dans les préjugés ordinaires, en vertu de l'idée que, ne
pouvant « baiser », on ne peut qu' « être baisé ».

Quant à l'homosexualité féminine, les hommes la jugent beaucoup
moins sévèrement ; ils considèrent que, puisqu'il n'y a pas de pénétration, ils ne sont pas exposés à une rivalité sérieuse. Ils croient
qu'il y a dans l'homosexualité, féminine comme masculine, un
rôle mâle et un rôle femelle, des partenaires actifs et d'autres passifs.
Ils envisagent rarement la réciprocité des rôles. Le seul ennui vien-
drait des filles strictement homosexuelles (et donc, sinon concurren-
tes sérieuses, du moins irréductiblement réfractaires à la séduction
des mâles). Mais celles-ci, dans l'esprit de la plupart, ne sont que
des êtres manqués : des « Jules » sans pénis, des garçonnes.

Les hommes ont culturellement plus de difficultés à admettre
leur homosexualité que les femmes, essentiellement parce que leur
image virile se trouverait alors remise en cause. Les femmes peuvent
être homosexuelles ou bisexuelles sans que l'image de leur féminité
en souffre gravement. Les hommes qui ont des aventures homosexuelles fréquentes, mais non exclusives, ne tiennent pas à être
rangés dans le clan des « maudits » et parfois, même, refusent de
se reconnaître à leurs propres yeux comme homosexuels :

> Je ne suis pas des leurs, je ne suis pas un homosexuel. Je suis
> un sensuel, et la chair, c'est la chair ! (Henri)

La situation dans laquelle les homosexuels vivent leurs désirs est
souvent tragique. L'oppression, les vexations, le rejet qu'ils subissent sont de la même nature que ceux qui frappent les femmes
ou des catégories sociales comme les fous, les handicapés, les
immigrés, etc. Le FHAR (Front homosexuel d'action révolutionnaire) l'avait mis en évidence au lendemain de Mai 68. Pourtant les
groupes d'extrême gauche ne se montrent guère moins puritains
que les autres sur cette question. Je me souviens d'avoir assisté, peu
de temps avant 68, à une discussion entre dirigeants d'une organisation « révolutionnaire » sur la nécessité d'exclure les homosexuels
qui pourraient s'y glisser alors qu'il y avait déjà, bien évidemment,
des militants homosexuels à l'intérieur de cette organisation, mais
qui cachaient soigneusement leur homosexualité.

Cette peur de l'homosexualité est sensible dans les petits rituels
de la vie quotidienne qui règlent les contacts et les relations entre
hommes. Les salutations, les marques d'amitié virile, les jeux, le
sport, servent à établir des contacts entre les hommes, mais de façon
à éliminer toute ambiguïté. Au café par exemple, lieu encore typiquement masculin, les plaisanteries grivoises, les moqueries sur les
femmes absentes, les jeux de cartes et l'alcool servent en même
temps à resserrer la cohésion du groupe masculin (où les différences
de classe sont temporairement gommées) et à empêcher l'émergence
de désirs homosexuels, tout en offrant un exutoire à l'agressivité
qui pourrait naître de la frustration de tels désirs. La fraternité
virile est soumise à la contradiction suivante : il faut refuser toute
homosexualité déclarée, tout en préférant finalement la compa-
gnie des hommes à celle des femmes.

Mariage, couple et famille

Marions-nous...

Les femmes sont élevées presque exclusivement en vue du mariage ; quatre sur cinq d'entre elles pensent qu'il n'y a rien de plus important dans la vie que d'avoir un mari aimant et des enfants. La plupart des hommes racontent, au contraire, que pendant leur jeunesse la question de la création d'un foyer ne les préoccupait pas :

> Je ne sais pas comment j'imaginais ma vie ; tout ce que je peux dire, c'est que je ne pensais pas du tout au mariage. (Christophe)

> Le mariage, les enfants, c'est une question que je ne me suis pas posée beaucoup, ni très tôt. (Jacques)

Pourtant, lorsque Jacques rencontre la première fille « sympa », avec laquelle il se sent bien, il l'épouse. Pourquoi ?

> Ni elle ni moi, on ne s'est posé le problème. Le mariage, c'était une règle du jeu pour pouvoir vivre ensemble ; c'était vachement évident.

Tous les interviewés qui avaient l'expérience du mariage (18 sur 32) reconnaissaient avoir plutôt cédé aux convenances que réalisé un rêve essentiel à leurs yeux. Les hommes, préparés surtout à la vie professionnelle et attachés au modèle du séducteur, ne sont pas censés rechercher ouvertement le mariage. Celui-ci doit paraître accidentel, fortuit.

Seuls les quelques interviewés qui privilégiaient le Grand Amour considéraient le mariage comme une issue logique et obligatoire. Ils avaient en général épousé la première « fille bien » qui leur plaisait et qui les « aimait ». Les autres donnaient l'impression d'avoir été coincés par les circonstances, de s'être mariés pour faire plaisir aux parents, pour trouver un appartement plus facilement, parce que leur petite amie était enceinte, etc. Il y a aussi cependant le sentiment fréquent d'avoir rencontré l'élue, « le bon numéro » qu'il ne faut pas laisser filer :

> Pour moi, j'ai senti que ça accrochait avec cette fille. J'ai senti qu'il ne fallait pas que je laisse passer ce truc-là, parce qu'après, j'étais cuit ! Enfin, c'était une intuition que j'avais. (Jean-Claude)

En fait, après avoir souligné que ce sont les femmes qui sont surtout attachées au mariage, plusieurs hommes avouent que, dans leur cas, ce sont eux qui ont poussé au mariage. Se marier, c'est effectivement le moyen de s'assurer une certaine sécurité :

> Si tu vis en concubinage et que tu t'engueules pendant quinze jours, au bout de quinze jours il y en a un qui se barre... Tandis que si tu es marié, tu peux t'engueuler pendant quinze jours, trois semaines, un mois, et, au bout d'un mois, tu es toujours avec ta bonne femme. (Jean-Pierre, marié depuis deux ans)

La solitude est redoutée par les hommes. Elle signifie non seulement un manque affectif et sexuel mais aussi, parfois, un handicap pour l'exercice d'un métier :

> Moi, c'est simple, j'ai toujours été seul dans la vie, quoi... J'ai été orphelin, pupille de la nation, élevé chez une sœur. Je suis parti dans l'armée, j'ai fait trois ans en Algérie. Et pendant mon armée, j'ai réfléchi, j'ai vu que j'allais être seul dans la vie. J'ai trouvé une fille, par correspondance, qui était ma marraine de guerre.
> Je suis revenu en perm, j'ai vu qu'elle était de bonne famille. Je me suis marié pour ça, parce que, quand tu rentres de trois ans d'armée, tu te retrouves paumé dans la vie.
> D'ailleurs, dans ma situation (maçon), je crois que ce serait pénible d'être célibataire. J'ai travaillé chez Peugeot, c'est une boîte que j'ai trouvée bien : on y est logé, il y a des chambres pour célibataires. Là, j'aurais pu rester célibataire. Mais dans ma situation actuelle, ce serait extrêmement dur : quand on rentre tout mouillé, on est bien content de trouver une pièce bien chauffée, des vêtements propres et tout... (Louis)

Le dépaysement, l'isolement et la frustration sexuelle créés par le service militaire incitent puissamment au mariage. C'est à l'armée que Louis se rend compte qu'il lui faut se marier, s'il ne veut pas rester seul dans la vie. C'est aussi pendant leur service militaire que Christophe se marie et que Bernard et Luc rencontrent leurs futures femmes.

> J'étais paumé, j'avais besoin de me raccrocher à quelque chose. (Christophe)

C'est aussi l'armée qui, en même temps qu'elle fait ressentir le mariage comme nécessaire, fixe l'âge auquel on doit penser à se marier : après le service militaire...

Quels sont les inconvénients du mariage, vu du côté des hommes ? Ceux qui sont encore célibataires s'en vantent et dénigrent systématiquement le mariage, la « corde au cou ». Certains parce qu'ils y voient une institution inutile, un bout de papier :

> Je n'en éprouve absolument pas le besoin ; je vis avec une fille, c'est comme si on était mariés. Pourquoi aller mettre une griffe sur un papier quelconque ? (Robert)

D'autres célibataires vont plus loin et le déclarent carrément nuisible : le mariage, c'est un piège tendu par les femmes, où les hommes doivent éviter de tomber s'ils veulent profiter de la vie. Marcel ne laisse pas passer une occasion de « charrier » ceux qui se sont laissés avoir. « Le mariage, c'est la prison, je connais beaucoup d'hommes mariés qui regrettent », déclare-t-il. A Gilles, qui s'est marié à 21 ans, il lance : « Tu es fou, toi ! », mais il s'attire la réponse : « Toi, tu n'es pas calmé. » Et effectivement, quand il sera « calmé », il se mariera : « Quand on est marié, on ne va pas courir. »

Mais c'est surtout parce qu'on le trouve dangereux pour l'entente du couple, qu'on persifle le mariage, quand on est encore célibataire. On ressent confusément qu'il introduit une contrainte juridique et psychologique qui peut empêcher l'épanouissement et la liberté d'une relation ; qu'il fige, qu'il mène à l'habitude, qu'il évite les remises en cause : c'est la fin du désir de plaire, la perte de la personnalité.

Pourtant, presque tous se marieront s'ils ont un jour un enfant : « C'est plus normal », dit Philippe ; « C'est obligé », dit Marcel.

Deux hommes seulement refusent d'envisager le mariage, quelles que soient les circonstances :

> Se marier parce qu'on aurait un gosse, ce serait se plier à certaines institutions, courber la tête ; tout ça pour un morceau de papier ! Et puis le mariage, pour la femme, c'est l'esclavage même, l'aboutissement de tout ce qu'on lui avait préparé : un bon esclavage. (Christian)

Conjuguons le conjugal...

Les hommes mariés prennent avec force la défense de l'institution qui leur semble offrir bien des avantages par rapport à la vie de célibataire :

> Les célibataires vivent comme des cons. J'en connais qui sont tout paumés, qui deviennent des piliers de bistrot. (Jean-Pierre)

Quand on est marié, on fait des efforts, des concessions, des sacrifices même, pour que ça marche. On a l'impression d'avoir plus de responsabilités. « Comme la peinture à l'huile, c'est plus difficile, mais c'est bien plus beau !... » Ce sont évidemment les croyants, comme Guy, qui accordent le plus d'importance au mariage :

> Moi, j'ai l'impression que quand on ne se marie pas, ça reste un assemblage de deux individus. Alors qu'à partir du moment où... Oui, il y a un instant qui tranche précisément la situation avant et la situation après, c'est la cérémonie du mariage et le papier signé. A partir de là, c'est un couple ; ce n'est plus un assemblage de deux individus. (Guy)

Ramener le mariage à une garantie, à une appropriation, ce serait rabaisser la valeur de l'union, pense-t-il. Ce qui est important dans la vie, c'est de réussir son mariage :

> Quel intérêt y a-t-il pour un homme de réussir à être un type brillant, s'il échoue dans son ménage, loupe l'éducation de ses enfants ? Moi, le fait d'être marié m'a permis de mieux me réaliser.

L'idée que l'homme a un destin, des potentialités à développer, a franchi le domaine de la religion. Le mariage, ou le couple vivant sur le même modèle apparaît alors indispensable à la « réalisation › humaine :

> C'est un stimulant, le couple, renchérit François (57 ans). Mais je ne vois pas tellement de différences entre mariés et non-mariés, dans la mesure où chacun est conscient de ses responsabilités vis-à-vis de l'autre.

Qu'on se marie une fois, dix fois ou pas du tout, il pense que c'est lié au contexte dans lequel on vit. C'est à ses yeux la vie de couple, et non le mariage, qui importe en définitive :

> Bien souvent, avec les responsabilités qui se greffent sur le couple, on le considère comme aliénant... Et puis, après, on découvre certaines valeurs qui étaient cachées.

Quelques maris émettent bien certaines réserves : le mariage peut aussi être pesant, aliénant ; mais ils ne songent pas à le rompre, parce qu'ils sont attachés à leur femme, parce que les « jeux sont faits », parce qu'ils ont des enfants ; ou même, pour l'un d'entre eux, parce que, l'aliénation du mariage étant liée à la société capitaliste, il faudrait attendre que la modification des conditions économiques entraîne la transformation des rapports sociaux...

Ceux qui ont divorcé ou qui se sont séparés de leur femme sont redevenus extrêmement méfiants. A une exception près, aucun n'envisage de recommencer. Mais ils considèrent généralement le couple stable et monogame comme nécessaire, tout en estimant que débarrassé de la contrainte légale, il a plus de chances de réussite — sans compter que, s'il échoue, cela évite les ennuis et les formalités d'un nouveau divorce.

Deux pigeons...

Le refus du couple monogame reste exceptionnel. Même parmi les célibataires ou les divorcés qui prétendent rejeter le mariage, on a vu que le modèle du couple concurrencie avec succès celui du séducteur :

Me marier, moi, je n'y tiens pas... C'est surtout vivre avec une fille. (Ludovic)

Vivre toute la vie, si possible, avec une fille, et pourtant pas de mariage, pour ne pas se sentir coincé. (Christian)

Ce qui est important, c'est le couple, la vie à deux, la vie quotidienne. La dialectique entre deux personnes, ça, ça m'intéresse et ça m'intéresse sur la longue durée. (Didier)

Vivre avec quelqu'un avec qui on s'entend, sans être marié... Rester non marié, mais avoir un gosse. (Paul)

Même à ceux qui ont choisi l'union libre la vie de couple semble nécessaire à l'équilibre et à la réalisation de l'être humain. Peu de voix discordantes dans ce concert : celles en général d'hommes attachés à la fille avec qui ils vivent, mais qui souhaitent jouir d'une plus grande liberté sexuelle. Ils sont partagés entre le désir de conserver des relations « privilégiées » et le besoin de nouvelles rencontres. C'est seulement parce qu'ils trouvent leur autonomie trop réduite qu'ils reprochent parfois au couple d'être aliénant, répressif ou destructeur. Les quatre hommes qui sont dans ce cas avaient d'abord accordé une grande importance au couple pendant une partie non négligeable de leur vie.

En fait, si les interviewés nous ont souvent clairement exprimé pourquoi ils se méfiaient du mariage ou au contraire l'appréciaient, ils n'ont pu en revanche donner que bien peu de justifications de leur désir de vivre en couple.

Refuser de se marier, c'est presque toujours protester contre une contrainte sociale qui entraîne le formalisme et l'hypocrisie dans les rapports humains. Valoriser en même temps le couple signifie s'imposer « librement » les mêmes contraintes de stabilité et de fidélité qui sont inhérentes au mariage : tentative désespérée et illusoire de réussir à vivre un modèle en crise. Isolé, frustré, désorienté par une société inhumaine, l'individu aspire à des rapports humains chaleureux, et cette aspiration est canalisée vers la vie de couple.

La famille doit être protégée et défendue. Dans notre société si mouvante et parfois même si inquiétante, elle est la stabilité. Dans notre environnement si incertain, elle est la sécurité. Dans notre monde si dur, elle est la tendresse, déclarait V. Giscard d'Estaing au cours de sa campagne électorale [1].

1. *Le Monde*, 14 mai 1974.

Dans la défense de la famille, la droite moderniste et libérale met aujourd'hui un peu en sourdine l'aspect « défense de l'ordre moral et respect des institutions » pour accentuer l'aspect « refuge affectif de l'individu contre les agressions de la vie moderne ». La société peut tolérer si c'est nécessaire une certaine désaffection à l'égard du mariage, à condition que le couple stable (donc, en fait la famille) subsiste.

En famille...

C'est par référence à leur propre famille d'origine, en soulignant la protection et la solidarité qu'elle offre vis-à-vis du monde extérieur, que beaucoup d'hommes expliquent leur attachement à la famille et leur désir d'en fonder une à leur tour.

Famille-refuge, famille-tribu, famille défensive, elle reste un des buts importants de l'existence :

> On a trop tendance à détruire la famille, c'est important d'en fonder une. (Jean-Louis)

> Fonder une famille ne suffit pas, il faut encore la réussir. (Didier)

> Il ne suffit pas de réussir sa vie militante ou professionnelle, il faut aussi réussir sa vie familiale et l'éducation de ses enfants. (Gilles et Guy)

Les critiques marxistes ou anarchistes de la famille commencent à être connues en dehors d'un petit cercle. On ne peut plus guère défendre la famille à la façon de la droite traditionnelle ou de l'extrême droite sans passer pour un fieffé réactionnaire. Aussi fleurissent aujourd'hui quantités de propositions réformistes autour de la soi-disant « cellule de base des nations » pour maintenir la famille, débarrassée de ses origines et de ses tares bourgeoises. Mais ces modèles de famille, en fait, ne diffèrent du modèle traditionnel qu'en ceci, qu'ils sont mieux adaptés aux nécessités d'une société industrielle avancée ; ils jouent un rôle tout aussi conservateur que les autres.

« Je suis très famille », dit Michel ; mais il oppose sa propre famille, à la fois solidaire et ouverte, à « la famille bourgeoise conne et répressive ». Certes Christian affirme : « La famille, c'est râpé, c'est foutu, c'est en pleine décomposition. > Et Luc : « La notion de famille, ça ne veut plus rien dire aujourd'hui, sauf peut-être encore chez les grands bourgeois, à cause du fric, ou chez les minables à qui ça sert de compensation et de défoulement. » Mais s'ils affirment que la famille est réactionnaire, ils n'en veulent pas moins en fonder une eux-mêmes ou continuer à y vivre. Il leur paraît donc possible de concilier la stabilité et le changement à l'intérieur de la structure familiale. Il y aurait ainsi une famille solidaire, ouverte, et une famille réactionnaire, répressive, étouffante. Il suffirait de rénover la famille, d'en éliminer les aspects aliénants, hérités de la société capitaliste. On évoque la famille « socialiste ». Mais au fond, rénovée ou non, il s'agit toujours bien de la même vieille famille monogamique bourgeoise, qui se donne pour un modèle idéal et définitif.

Papa, maman, les chers petits, l'Œdipe du psychanalyste, autant de notions, de relations, d'attitudes, de sentiments qu'on nous présente comme universels, voire même comme biologiquement fondés. En réalité c'est parce que notre société rend effectivement difficile la vie sexuelle en dehors du mariage que Jean-Pierre, par exemple, peut considérer les célibataires comme de pauvres types. Ce qui renforce encore l'impérialisme de l'institution familiale, c'est qu'aujourd'hui, un modèle conjugal unique s'est imposé dans toutes les classes de notre société.

Comment, alors, imaginer qu'une autre organisation et d'autres sentiments puissent lier parents et enfants ? Les exemples de sociétés différentes où la paternité et la maternité, les sentiments familiaux, les liens du sang sont vécus autrement que chez nous, sont vite interprétés comme des signes de « sauvagerie » caractéristiques des « primitifs ». L'existence de ces sociétés éloignées dans le temps et l'espace ne semble pas un argument suffisant contre la conviction que le type de famille que nous connaissons est le seul « civilisé ».

Pourtant, au début du siècle, des différences reconnues et caractéristiques subsistaient encore en France dans l'organisation et le fonctionnement des familles selon qu'elles étaient bourgeoises, ouvrières ou paysannes. En particulier, le comportement des parents envers leurs enfants, le degré d'autonomie qu'ils leur accordaient, n'étaient pas les mêmes d'une classe à l'autre. On ne pouvait imposer le même genre de contraintes à un jeune bourgeois, destiné à prendre la succession de l'affaire paternelle, et à un fils d'ouvrier ou de paysan pauvre, obligé de prendre très tôt le

chemin de l'usine ou des champs afin de soulager le budget familial. Ces différences, dans la mesure où elles existent encore, sont
de plus en plus noyées dans l'uniformisation des valeurs et de la
morale familiales que l'école et les mass media ont réussi à imposer.
Qu'on prenne par exemple les feuilletons radiodiffusés ou télé-
visés où une famille généralement petite-bourgeoise donne à voir
l'image de ses bonheurs et de ses peines. Avant la télévision, *la
Famille Duraton* était, à la radio, un modèle du genre. Diffusé à
l'heure du souper, ce feuilleton mettait en scène les membres d'une
famille de « Français moyens » s'apprêtant eux aussi à se mettre
à table. Le repas du soir est devenu le grand moment de célé-
bration du culte familial. Parents rentrés de leur travail, enfants
revenus de l'école, toute la famille se trouve réunie au même lieu.
L'appartement, la maison, le « home », forment un territoire
retiré du monde, secret, intime, où sont censés régner l'amour, la
détente, toute la joie qui manque dans le monde extérieur. Même
s'il est fréquemment le théâtre d'épouvantables règlements de
comptes, de haines solides et d'étouffantes dépendances, on continue à représenter le « home » familial comme un havre de paix et
de bonheur : « On n'est nulle part mieux que chez soi. »

Les silences de l'Histoire telle qu'on la raconte à nos petits-enfants

L'amour conjugal, les relations et les sentiments entre parents
et enfants, qui nous paraissent aujourd'hui si naturels, ne revêtent
pas depuis très longtemps la forme que nous leur connaissons
aujourd'hui. Ils sont liés au développement de la famille conjugale.

Au cours de l'histoire, il semble y avoir eu une étroite inter-
action entre les vicissitudes du pouvoir de l'Etat et le mode d'organisation familiale. Dans les périodes où l'Etat était faible, désor-
ganisé, les liens du sang élargis (famille-lignage) prenaient une
grande importance. Au contraire, l'affermissement du pouvoir éta-
tique s'accompagnait d'une dislocation du lignage au profit de la
famille restreinte ou conjugale. En Europe il faut attendre le
XVIIᵉ siècle et l'instauration d'un Etat monarchique puissant pour
que le sentiment de famille remplace le sentiment de lignage propre
au Moyen Age. L'architecture subit une évolution parallèle, qui
va inscrire dans l'espace ce nouvel état de choses : la maison mé-

diévale, largement ouverte sur l'extérieur, où les pièces n'avaient pas de fonctions spécialisées et où le visiteur pouvait aller et venir librement, ne subsiste plus que dans la grande noblesse ou à la cour de Versailles. Les bourgeois ferment leurs maisons. Les pièces se spécialisent, la vie privée se confine hors de la partie de la maison où ont lieu les contacts avec l'extérieur : échoppe, bureau, salon. La chambre à coucher cache l'intimité.

Mais il faudra attendre la révolution de 1789 pour que la façon bourgeoise d'habiter et de vivre au sein d'une famille repliée sur le couple et les enfants gagne les autres classes de la société.

Au XIXᵉ siècle encore, la partie la plus pauvre et la plus nombreuse de la population vivait sur le modèle médiéval : les enfants quittaient souvent dès leur plus jeune âge la maison de leurs parents ; le sentiment du chez-soi, du « home » n'existait pas pour eux, l'attachement affectif profond que nous trouvons aller de soi entre parents et enfants, n'avait guère alors le temps de se développer. D'ailleurs la mortalité infantile élevée ne permettait pas que l'on soit trop sentimental avec des bébés ou des enfants en bas âge, qu'on avait une chance sur deux de ne pas voir survivre [1].

La production économique n'est plus liée aujourd'hui au cadre familial, sauf dans des secteurs marginaux, condamnés à terme par le développement capitaliste : artisanat, petit commerce, petite exploitation agricole. Mais si la révolution industrielle a ôté à la famille son rôle productif, elle s'est accompagnée pourtant d'une propagande en faveur de la famille et des valeurs familiales sans équivalent jusqu'alors. C'est que, comme Marx le soulignait, ce type de famille permet la reproduction, aux moindres frais pour la bourgeoisie, de la force de travail. Le travail domestique des femmes n'étant pas payé, les enfants restant à la charge à peu près exclusive de leurs parents jusqu'au moment où ils entrent à leur tour dans la production, les patrons réalisent des économies considérables. L'école gratuite et obligatoire, les allocations familiales, d'origine récente, sont en fait payées en majeure partie par le prélèvement fiscal sur les salaires et permettent tout juste, pour les enfants des familles les plus modestes, de se présenter sur le marché du travail avec le minimum de connaissances nécessaires pour pouvoir manipuler des machines industrielles.

Outre cette économie dans la reproduction de la force de travail, la famille bourgeoise offre un avantage irremplaçable pour

1. A ce sujet cf. l'ouvrage essentiel de Ph. Ariès déjà cité.

le capitalisme : elle prépare et conditionne les individus à se soumettre à son autorité et à intérioriser ses valeurs idéologiques.

L'embourgeoisement de la société par la généralisation de la famille bourgeoise s'accompagne de la diffusion des représentations du « monde privé » caractéristiques de cette classe. La sexualité tend à se réduire à la procréation, elle-même guère envisageable en dehors du mariage et de la famille légitime. Sexe, amour, procréation et famille vont devenir indissociables. Dès qu'on aborde l'un, les autres viennent avec, comme l'ont montré récemment les débats parlementaires qui ont précédé le vote de la loi sur l'avortement.

Il n'en a pas toujours été ainsi. Auparavant, si les choses n'étaient pas forcément meilleures, elles étaient au moins plus claires. La justification amoureuse ne venait pas masquer les raisons économiques et politiques qui commandent l'existence de la famille. Dans l'aristocratie, par exemple, l'amour intervenait rarement dans le choix d'un conjoint ; il était plutôt réservé aux liaisons extra-conjugales. Montaigne disait qu'on ne se marie pas pour soi, mais pour sa famille, pour sa descendance ; il considérait la combinaison d'un amour passionné et de sentiments familiaux comme une sorte d'inceste. Et, dans aucune classe de la société, le mariage d'amour n'était alors habituel.

Les chers petits...

L'enfant, c'est le « ciment du couple », la « troisième dimension de la vie à deux ». Parfois, c'est ce qui permet de retenir la femme que l'on sent s'éloigner :

> Je me pose le problème de savoir ce qui se passera quand nos gosses nous quitteront, parce qu'on est un couple qui est quand même vachement formé en fonction des trois gosses... Alors, je me dis : « Qu'est-ce qui se passerait si ces trois gosses n'étaient pas là, est-ce qu'on vivrait ensemble ? » Je n'en suis pas sûr. Je suis très attaché à mes gosses, à ma femme aussi... En fin de compte, notre couple et notre mariage tiennent peut-être vachement à cause des gosses. C'est sûrement un ciment sacrément solide. C'est pesant, très pesant, mais très important aussi. S'il n'y avait pas ces trois gosses, on se déchirerait sans doute et on partirait chacun de son côté... Mais il y a les gosses et puis aussi il y a l'habitude... (Jacques)

Mais l'enfant représente davantage encore : c'est lui qui justifie les rôles familiaux, l'obligation de fidélité des épouses. Il faut pouvoir être sûr de sa paternité :

> Faudrait pas qu'un type, il s'amuse à faire des enfants à ta femme derrière ton dos... pour qu'après ce soit toi qui les nourrisse ! Eh bien ! ça, je suis pas du tout d'accord ! (Philippe)

Les infidélités conjugales sont souvent condamnées au nom du bonheur des enfants. Pourtant, les enfants sont certainement plus heureux d'une séparation amicale de leurs parents que de la haineuse relation d'un couple qui se déteste. Le souci du bonheur des enfants sert de paravent à l'enfer domestique et conjugal.

Lorsque l'enfant paraît : le cercle de famille s'agrandit, certes, mais se ferme encore plus sur lui-même.

> Il faut reconnaître qu'un gamin aliène vachement une certaine indépendance, entrave une certaine liberté... Le fait d'avoir des gamins en bas âge t'oblige à rester chez toi. (Jean-Pierre)

Il est très difficile, même si on le désire, d'échapper à ce repli sur le foyer en l'absence de crèches (qu'il faudrait ouvertes vingt-quatre heures sur vingt-quatre), d'équipements collectifs, de prise en charge collective des enfants, du ménage, de la cuisine, etc. Certains interviewés parlent des expériences de ce genre tentées en Chine ou en Israël ; mais, conclut Guy : « Je me demande le résultat... Jusqu'à présent, ce qui a été le plus sûr, ça a été la base familiale. » La plupart des hommes restent incapables de penser en dehors du schéma familial, surtout quand il s'agit de leurs propres enfants.

Bien sûr, les représentations du couple et des enfants évoluent. Les magazines, les émissions de radio ou de télé fournissent un nouveau modèle : « le couple moderne », qui vit dans un entourage de gadgets ménagers, dans un décor « design » où la femme n'est pas obligée d'arriver vierge au mariage, où le passage par la mairie n'est pas absolument obligatoire, où le mari aide à la vaisselle et aux soins des enfants, où les conjoints peuvent même avoir quelques aventures extra-conjugales — qui ne menacent pas vraiment leur couple et, une fois « la crise » passée, le resserrent. Le couple moderne n'est plus celui des chromos jaunis, il est « gentil et aimant » davantage que « respectable et honnête » (la psychologie remplace la morale), mais il reste le couple.

De même, la représentation « moderne » de l'enfant n'affecte que son environnement : layette au crochet et de couleur vive, berceau-fleur, puis jouets en plastique ou mieux en bois naturel, éducation plus libérale. L'essentiel, le cadre institutionnel (avec la dépendance à l'égard des parents, l'autorité et la coercition) reste le même. De Pie XII, qui affirmait : « La base de la société, le centre premier de toute éducation et de toute culture est la famille », à Giscard d'Estaing selon lequel « tout doit être fait pour que les enfants de ce pays naissent dans des familles solides et unies », en passant par les pédagogues, les éducateurs, les conseillers et spécialistes ès éducation de tous poils, chacun répète sans relâche : le milieu naturel de l'enfant, c'est la famille ; hors d'elle, point de salut !

Les parents, culpabilisés, se marient, essayent de ne pas se disputer devant les enfants, se supportent, ne divorcent pas : « pour eux » ; se consacrent au foyer, regardent la télé « en famille »... quand ils ne vont pas jusqu'à oublier leurs prénoms pour ne plus s'appeler, même entre eux, que de l'intitulé de leur fonction familiale : papa, maman. Et les enfants, conditionnés à vivre dans la sécurité du papa-fume-sa-pipe-pendant-que-maman-coud-sous-la-lampe-et-que-l'enfant-heureux-dort-dans-son-petit-lit, (comme le disent les livres de lecture scolaires), se sentent abandonnés dès que leurs parents sortent, et font des fugues ou délaissent le travail scolaire quand les parents s'entendent mal ou divorcent. On n'en accuse pas alors la structure sociale, qui cloisonne les individus en petites unités anonymes, mais bien le père et la mère qui n'ont pas su former « une famille solide et unie ».

L'enfant est aussi un prolongement de l'image que les parents se font d'eux-mêmes. Ils sont fiers de déceler des ressemblances, ils cherchent à modeler l'enfant sur eux-mêmes, sur leurs aspirations, leurs rêves, leurs espoirs déçus. C'est en quelque sorte un investissement pour l'avenir : les enfants portent les espoirs d'ascension sociale de parents qui n'ont eux-mêmes pas pu les réaliser.

Aussi, dans la façon d'élever leurs enfants, certains reconduisent leur propre éducation, dure et autoritaire :

Bernard a eu une enfance sordide :

Nous, on prenait des coups ; ça nous donnait une certaine sournoiserie... Mais nous n'étions pas intéressés. Aujourd'hui, les enfants aiment leurs parents pour le bénéfice qu'ils en tirent, pour l'utilité. Le laisser-faire actuel, c'est vraiment pas une réussite ! Il faut un certain autoritarisme : si l'enfant fait ce qu'il

veut, il devient une crapule et un voyou. Pour moi, libre égale
mal élevé. Il faut une certaine sévérité.

Bernard devrait pourtant savoir ce que donne ce genre d'éducation : lui-même, malheureux, élevé durement par son beau-père,
est devenu délinquant. Quand son beau-fils devient délinquant
à son tour, il en conclut que celui-ci n'a pas été élevé avec suffisamment de fermeté et que le cours des événements lui donne
raison ! Que son beau-fils ne serait pas aujourd'hui en prison et
que sa belle-fille ne se serait pas retrouvée fille-mère, « s'ils en
avaient bavé un peu plus ». On mesure la force avec laquelle les
préjugés et la morale de classe pèsent jusque sur les pires victimes de
l'injustice sociale.

Cependant, la majorité des hommes jeunes penche vers une
éducation plus libérale que celle qu'ils ont eux-mêmes reçue. Avec
beaucoup de prudence : les enfants doivent être eux-mêmes, mais
on aime bien qu'ils vous ressemblent ; on ne doit pas exercer sur
eux de violences, mais la fermeté est nécessaire, etc. Même avec
de bonnes intentions, ce n'est pas facile d'être libéral, affirme
Gilles, père de trois enfants :

> Il faut essayer de ne pas exercer de répression sur le plan
> sexuel comme sur les autres. Quoique ce soit un bien grand
> mot, car il y a des fois où on gueule comme tout le monde !
> Faut pas idéaliser le problème... Quand tu vis dans une bara-
> que avec trois gosses, il y a des moments où tu perds la tête.

Survie et naufrage de la famille conjugale

Les partisans de la femme à la maison refusent d'envisager leur
responsabilité dans le cas où, après une séparation, leur épouse serait
obligée de travailler (elle a alors généralement perdu toute qualification professionnelle ou n'a pu l'obtenir, en raison de son rôle
exclusivement ménager). Cette dépendance économique de leur femme à leur égard leur semble naturelle et ils n'aiment pas en discuter :

> Quand on se marie, c'est pour la vie. Envisager ce que tu dis
> là, ça suppose une fin foireuse ! (Jean-Pierre)

Quand on se marie, c'est avec la ferme volonté que ça marche
et que ça dure :

> J'ai trouvé une fille qui avait les mêmes idées que moi et ça
> a marché, quoi. On savait qu'on partait tous les deux en faisant
> le maximum d'efforts pour que ça aille. (Guy)

Si on y met de la bonne volonté de chaque côté, il n'y a pas
de raison pour que ça ne marche pas. Ludovic pense qu'il aura toujours envie de vivre avec la même fille :

> Si elle me plaît, tout ça, et puis qu'on s'entend bien, oui... Ça
> peut durer toute la vie, si elle couche tout le temps avec moi,
> tout ça, si elle est toujours d'accord *(sic)* ; là, je trouve que ça
> devrait aller...

Ceux qui vivent en couple trouvent que ce n'est pas si simple,
qu'il y peut y avoir des problèmes, mais que la bonne volonté doit
pouvoir en venir à bout :

> Si ça va moins bien, il faut savoir pourquoi. Je ne suis pas
> d'accord pour laisser les choses se détériorer jusqu'à ce qu'on
> en ait marre et qu'on se barre. Au contraire, s'il y a un pro-
> blème à résoudre, il faut essayer de le résoudre, et on le résout
> à deux. Si ça ne marche pas sexuellement ou si on s'emmerde,
> il faut savoir pourquoi et essayer de résoudre le problème, non
> pas pour se dire : on ne se quitte pas et on reste ensemble
> jusqu'à la mort, mais parce que si on est toujours conscient, il
> n'y a aucune raison pour que ça ne marche pas. (Christophe)

De toute façon, il y a un point de non-retour :

> Je suis assez... pas résigné, mais conscient du non-retour. Je
> me suis marié avec une femme, on a fait trois enfants ensem-
> ble, bon... Il y a des choses qu'on ne recommence pas plu-
> sieurs fois dans sa vie. J'ai des crises, mais tout le monde a
> des crises... Quand on se fâche, alors c'est le tableau noir tout
> de suite : ah ! si je n'avais pas ce boulet aux pieds, ma femme
> et mes trois gosses, si je ne m'étais pas marié à 25 ans... Mais
> ça ne dure jamais très longtemps et, au fond des choses, quand
> je suis seul quinze jours pendant les vacances, eh bien, je
> m'emmerde profondément. Et puis, les disputes ne durent jamais
> très longtemps, parce que, on ne sait pas pourquoi, on a de
> nouveau envie de coucher ensemble, et c'est le printemps...
> (Jacques)

Il arrive pourtant un moment où on n'a plus du tout envie de
coucher ensemble :

> Mais, dit Marcel, un couple c'est pas fait pour toujours coucher
> ensemble !

Si on n'a plus envie de coucher avec sa femme ?

> Ce serait dégueulasse de divorcer parce que j'ai plus envie de
> ma femme ! s'exclame Louis. Ça reviendrait au gars qui dit : j'en
> ai marre de manger du cochon, je veux manger du veau. Ça ne
> va plus ! Ce serait trop facile dans ce cas-là ! Tu vis quinze
> ans avec une femme et puis tu divorcerais : je ne veux plus cou-
> cher avec toi, je veux coucher avec une autre. Eh bien, je ne
> sais pas ce qu'elle en penserait !

Dans sa conception du mariage — sécurité affective et matérielle
— et du rôle de la femme qui ne saurait être nulle part mieux
qu'au foyer, divorcer serait effectivement abandonner sa femme, la
laisser tomber comme un objet sexuel usé.

> Si on n'a plus envie de coucher avec sa femme, eh bien, on fait
> lits séparés ; il y a des solutions,

répond Guy. Toutes les solutions, sauf la séparation, la honte du
divorce...
Une chanson de Michel Delpech, *les Divorcés,* qui ne remet pas
en question l'idéologie du couple ni les rôles traditionnels, illustre
la procédure sociale du divorce :

> « Si tu voyais mon avocat,
> ce qu'il veut me faire dire de toi...
> Les jolies choses de ma vie,
> il fallait que je les oublie,
> il a fallu que je t'accuse.
> Certains vont se croire obligés
> de nous monter l'un contre l'autre.
> Ce serait moche d'en arriver, toi et moi,
> à se détester et à se rejeter les fautes... »

C'est pourtant ce qui se produit dans presque tous les cas ;
mais le grand succès de cette chanson correspond à une aspiration
largement répandue : à l'idée d'une séparation qui n'entraînerait
pas forcément la haine. Aspiration qui demanderait, pour être satisfaite, un autre type d'association que le mariage et la famille
actuels, une autre société. En attendant, et malgré les réformes
éventuelles, le divorce reste une simple soupape de sécurité, qui ne
s'ouvre qu'avec beaucoup de difficultés... et d'argent.
Ce qu'écrivait Reich dans les années trente est toujours d'actua-
lité :

La société réactionnaire est intéressée économiquement à l'institution du mariage monogamique à vie et ne peut prendre en considération les intérêts sexuels.

C'est pourquoi, dans cette société, tout allégement des formalités du divorce est pratiquement sans portée pour la masse. Les lois sur le divorce signifient seulement que la société admet le principe du divorce. Mais est-elle également disposée à créer les conditions économiques qui permettraient à la femme de réaliser le divorce ? Une de ces conditions serait que la rationalisation de la production eût pour conséquence, non le chômage, mais la réduction du temps de travail et l'augmentation des salaires. Etant donné la dépendance matérielle de la femme à l'égard de l'homme et sa plus faible participation au processus de production, le mariage représente pour elle une institution protectrice, mais permet en même temps de l'exploiter : en effet elle est non seulement l'objet sexuel de l'homme et pourvoyeuse d'enfants pour l'Etat, mais aussi employée domestique non payée, ce qui accroît indirectement le profit de l'employeur. Car l'homme ne peut travailler au bas niveau de salaire habituel que si, à la maison, une quantité déterminée de travail s'accomplit gratuitement. Si le patron avait à veiller sur l'économie domestique de l'ouvrier, il devrait soit lui payer une ménagère, soit lui payer un salaire qui lui permette d'en louer une. Or la femme d'intérieur accomplit gratuitement ce travail. Si l'épouse est par ailleurs employée, elle fait des heures supplémentaires non payées pour assurer l'économie domestique ; si elle ne le fait pas, cette économie se désintègre plus ou moins, et le mariage cesse d'être un mariage conventionnel. (...) Le conflit du mariage est insoluble dans le cadre de l'ordre social actuel, pour les raisons suivantes : d'une part, le besoin sexuel ne peut être confirmé dans la forme qui lui avait été imposée, d'où l'effondrement de la morale conjugale ; d'autre part, la situation économique de la femme et des enfants rend nécessaire le maintien de l'institution, d'où le recours répété à la forme sexuelle existante du mariage coercitif [1].

Les communautés

Les expériences de vie en communauté qui se multiplient depuis quelques années sont extrêmement intéressantes. Elles sont un signe que beaucoup de jeunes veulent échapper au modèle familial traditionnel et ne tiennent pas à le reproduire. Leurs buts peuvent être très différents : politiques, écologiques, pédagogiques, etc. Mais

1. Wilhelm Reich, *La Révolution sexuelle,* Plon, 1972.

ce que l'opinion publique en a surtout retenu, c'est la liberté sexuelle qui y règne. C'est cette liberté sexuelle supposée (car, dans beaucoup de communautés, elle est loin d'être complète) qui attire ou effraie les hommes que nous avons interviewés.

Les partisans de la vie en communauté sont les mêmes qui trouvent le couple aliénant et souhaitent avoir une plus grande liberté sexuelle. Mais, outre l'élargissement de la vie affective, vivre en communauté signifie souvent aussi pour eux vivre mieux, à moins de frais et avec plus de temps libre, échapper à l'usine et à la vie urbaine.

Mais l'engouement pour la vie en communauté concerne finalement beaucoup moins d'adolescents qu'on ne le croit généralement. Même ceux de nos interviewés qui y étaient favorables ne montrent pas un enthousiasme excessif.

> Couple ou communauté, ça m'est égal, mais si on se connaît bien et que toutes les personnes nous plaisent, on doit s'amuser quand même plus en communauté, pour parler, tout ça... (Ludovic)

Pour Christian, c'est une solution possible, si ça reste compatible avec le travail et si la liberté sexuelle ne supprime pas l'exclusivité sentimentale...

Bernard est le seul interviewé à avoir vécu réellement dans une communauté ; il y est arrivé par hasard, à quarante ans, après trois mariages. Il était le seul ouvrier au milieu d'une majorité d'intellectuels de gauche et de cadres. Il n'a pu accepter pour lui-même les essais de libération sexuelle tentés dans cette communauté, car ils s'opposaient par trop au fonctionnement sexuel qui était le sien depuis vingt ans : nécessité du « cinéma » classique, respect des normes et des rôles sexuels les plus traditionnels, etc. Mais de son expérience, qui a duré plus d'un an, il dit :

> C'était vraiment enrichissant, c'était une bonne période ; ça serait à refaire, je le referais. Ça a changé mon point de vue sur beaucoup de choses ; sur le plan familial, j'ai appris que toutes les tâches étaient à partager, qu'il n'y avait pas d'hommes et pas de femmes : on faisait absolument tout en commun. Ça a été aussi une nouvelle façon de voir la femme en général, de ne plus la considérer comme un meuble, comme si ce qu'elle faisait faisait partie de son rôle. Avant, je ne me serais jamais abaissé à faire un lit, je trouvais aberrant que ma femme n'ait pas fait le lit et tout à fait normal que j'aille me coucher ou regarder la télé pendant qu'elle faisait la vaisselle.

Cependant, la majorité des hommes se déclarent hostiles à la
vie en communauté :

> Je ne suis pas tenté du tout, pour moi c'est impossible. Je me
> sens incapable de supporter une vie de communauté, et je
> n'ai pas le sentiment que ça simplifie les problèmes de vivre
> en communauté, au contraire... (Jacques)

Ils s'en sentent incapables, en fait, parce qu'ils n'accepteraient
pas de partager leur femme :

> La communauté sexuelle est inimaginable, invivable et irréaliste,
> car les rapports privilégiés y engendrent des frustrations intolé-
> rables. (Francis)

> On laisse trop jouer ses pulsions et la sensibilité en souffre.
> (Gérard)

Et ceux-là mêmes qui viennent de déclarer qu'ils sont contre la
vie en communauté parce que ça ne simplifie pas les problèmes,
que ça les multiplie même, se trouvent d'accord pour dire qu'ils
vivraient bien en communauté « s'il s'agissait d'un ensemble de
couples sans liberté sexuelle », parce que la vie en communauté
leur « simplifierait la vie et les problèmes matériels »...
   Les positions favorables ou hostiles à la vie en communauté se
départagent donc, en fait, en fonction de la menace que la liberté
sexuelle fait peser sur le couple : on pense « du bien » en général
des communautés, mais on préfère la vie de couple, parce que
c'est quand même plus facile. Un couple peut marcher, dit-on, parce
qu'à deux on peut se faire des concessions, mais les faire à dix ....
Ou alors on admettrait « une communauté individualisée » *(sic),*
réunion de couples gardant leur individualité... c'est-à-dire ne prati-
quant pas la liberté sexuelle. Car la communauté paraît être la
destruction du couple, à cause de la concurrence ; d'ailleurs « lorsque
des gens décident de vivre en communauté, c'est parce que leur
couple est au bord du casse-gueule ». Et puis, on veut être maître
chez soi, n'avoir à rendre de comptes à personne. Le dernier argument contre les communautés, celui d'un militant mao, c'est que :

> La communauté est une structure invivable dans la société
> actuelle. (Gilles)

Faut-il en conclure que le couple soit tellement vivable dans
cette même société ?

Fidélité, jalousie, monogamie.
Le mode de vie de l'homme

Fidélité et jalousie

La fidélité n'est pas une petite affaire. Engagement essentiel du mariage, sanctifiée par la religion, considérée comme preuve d'amour même hors du mariage. Cependant, le Code Napoléon donne de l'adultère une définition différente selon qu'il s'agit du mari ou de l'épouse. Il est d'ailleurs très instructif de connaître l'opinion personnelle de Napoléon sur le sujet :

> Si l'homme fait une infidélité à sa femme, qu'il lui en fasse l'aveu, s'en repente, il n'en reste pas de traces ; la femme se fâche, pardonne, se raccommode, et encore y gagne-t-elle parfois. Il ne saurait en être ainsi de l'infidélité de la femme ; elle aura beau avouer, s'en repentir, qui garantira qu'il n'en restera rien ? Ce mal est irréparable ; aussi ne doit-elle, ne peut-elle jamais en convenir. Il n'y a donc que le manque de jugement, des idées communes et le défaut d'éducation qui puissent porter une femme à se croire en tout l'égale de son mari. Il n'y a du reste rien de déshonorant dans la différence ; chacun a ses propriétés et ses obligations : vos propriétés, mesdames, sont la beauté, les grâces, la séduction ; vos obligations, la dépendance et la soumission [1].

Certains interviewés font de la fidélité une très haute valeur :

> La fidélité, ça vient de la conscience de l'un et de l'autre — il y a des femmes qui se respectent, d'autres qui ne se respectent pas, il y a des hommes qui se respectent, d'autres pas. (Louis)

Et Christian, 17 ans, qui n'a guère d'expérience dans ce domaine, exprime parfaitement les idées les plus répandues :

1. Cité par G. Anquetil, voir *infra*, p. 132.

J'ai l'impression que la fidélité c'est quelque chose de naturel.
C'est un accord tacite. S'il n'y a pas de fidélité dans un système comme ça (l'union libre), automatiquement tout se dé-
coud, tout s'en va. La fidélité, c'est n'aimer qu'une seule fille
et que la fille n'aime que le garçon. A mon avis, je pense que
c'est naturel. L'amour vraiment profond, c'est difficile à s'exercer entre plusieurs personnes. Je ne dis pas que c'est impossible,
mais je crois pas que j'y arriverais, ça me semble difficile ;
l'amitié, d'accord, ça se répartit entre plusieurs personnes ; mais
l'amour, vraiment, l'amour, ça va exclusivement vers une seule
personne... Enfin, je pense...

La fidélité, c'est bien sûr avant tout l'absence de relations sexuelles avec une autre partenaire, mais parfois on acceptera « une en-
taille dans le contrat » si elle reste « purement physique » : « Je pardonne une fois, mais pas deux », dit Rémi. Si les sentiments s'en
mêlent, alors les rapports de couple sont vraiment menacés :

J'aurais du mal à l'avaler, à encaisser le coup, pense Luc. Je
préfère qu'elle me le dise pas... Si je sentais qu'elle a quelque
chose ailleurs, et que ça se place sur le plan du sentiment, personnellement je refais mes valises et je fous le camp ; j'ai plus
rien à faire ici... Si elle a envie de coucher avec quelqu'un
d'autre, c'est déjà une situation anormale vis-à-vis de nous...

L'infidélité de la femme est donc considérée comme quelque chose
de très grave par la majorité des hommes et cela pour trois raisons
principales :
— c'est la négation, la destruction du couple ;
— c'est une menace pour la virilité de l'homme : si sa femme
lui est infidèle, c'est signe « qu'il n'a pas su y faire », qu'il n'a pas
su remplir son rôle. Comme il sait les femmes plus fortement
incitées à la monogamie et conditionnées à s'en satisfaire, il a peur
que la sienne ne lui échappe au profit exclusif de l'amant ;
— c'est donc en définitive une question de rivalité, de compétition avec les autres mâles pour la possession d'une femme. L'adultère apparaît finalement comme une histoire entre hommes, par
femme interposée. C'est bien ainsi que l'entend Bernard :

J'irais pas empiéter sur les prérogatives de quelqu'un que je
connais ; j'irais pas briser un ménage. Mon principe de base
est encore plus simple que ça : un type qui a mangé à ma table,
il a pas le droit de me faire une enculerie. La femme d'un
copain, c'est tabou, on n'y touche pas.

Dans la communauté où il vit quelque temps, il ne couche pas avec les filles :

> Ce qui m'aurait gêné, c'est de me lever le matin du lit et de venir prendre mon petit déjeuner avec le bonhomme qui était là, parce que ce mec il m'a rien fait ; j'ai pas de raison de lui faire des vacheries ! Je me serais trouvé gêné, j'aurais pas osé le regarder ; s'il y avait eu une femme avec un mari con, ça m'aurait absolument pas gêné, mais je l'aurais fait dans ce sens-là, du mari con.

Sa femme, qui est partie avec un ami à lui, vient le voir de temps en temps :

> Ça me faisait assez sourire, parce que je le faisais cocu, c'était une de mes plus grandes jouissances ; parce que je trouve malhonnête, un type qui a mangé à ma table, qu'il me fasse un truc pareil ; à mon avis personnel, c'est une malhonnêteté, il a abusé de ma gentillesse.

Il refuse de verser la pension alimentaire de sa deuxième femme et préfère aller en prison :

> Rien que de penser qu'avec mon chèque, le samedi soir elle va aller au restaurant avec son gigol-pince... refusé !

Les hommes sont à peu près tous convaincus qu'il est plus grave pour une femme d'être infidèle que pour un homme. L'enquête menée auprès des femmes [1] avait montré qu'elles étaient d'accord, elles aussi, sur ce point de vue. Les femmes ont été préparées de longue date à considérer la fidélité comme la règle de leur vie amoureuse. Une des filles interviewées disait clairement : « On appartient corps et âme au premier homme et à lui seul. » La fidélité leur semblait faire partie de la nature de la femme quand elle aime, aussi ne concevaient-elles pas de tromper l'homme « aimé ». Par contre, presque toutes étaient d'accord pour penser qu'il fallait laisser à l'homme plus de liberté. Elles acceptaient qu'un homme les trompe occasionnellement, si elles étaient sûres de son amour et si les relations avec d'autres femmes restaient limitées aux rapports sexuels. L'infidélité de la femme leur paraissait beaucoup plus grave, car pour celle-ci sexualité et sentiments leur semblaient indissocia-

1. G. Falconnet, *op. cit.*

bles ; comme l'expliquait l'une d'elles : « Quand une femme trompe, c'est beaucoup plus recherché, car elle est sexuellement beaucoup plus longue à réagir qu'un homme. »

La fidélité n'a donc pas la même signification quand il s'agit d'un homme ou d'une femme ; qu'une femme puisse les tromper est pour la plupart des hommes le comble de l'abomination. Habitués dans leur jouissance même à posséder des femmes qui s'en montrent reconnaissantes, qui affirment leur besoin de cette possession et font d'eux sinon leurs « princes charmants », du moins leurs « seigneurs et maîtres », ils ne peuvent se faire à la trahison. Ils se sentent trompés sur toute la ligne, leur monde s'écroule. Possédants, ils ont quelque chose à perdre. La femme infidèle les atteint dans leur virilité, leurs sentiments, leur identité sociale et privée. Elle est de celles dont parlait *la Complainte des amants,* chantée par Mouloudji, qui ont fait des hommes « des amants errants en proie à leurs tourments, parce qu'ils ont aimé des femmes infidèles, qui les ont trompés ignominieusement » :

> Pour un homme c'est insupportable que sa bonne femme le trompe. (Jean-Pierre)

Cette soumission à la possession sexuelle où sont éduquées les femmes est pour l'homme possesseur une preuve extrêmement sécurisante de son pouvoir et de sa puissance sur sa partenaire, puisqu'elle se manifeste au moment du plaisir, là où toutes les barrières de la réserve, de la pudeur ou de la peur féminines semblent levées. Aussi la trahison de la femme est-elle proprement incroyable ; elle est la négation de tous les moments passés en sa présence et où elle avait semblé éprouver du plaisir. L'ensemble de la relation amoureuse peut alors apparaître à l'homme « trompé » comme une ignoble simulation.

Quand un homme a une aventure, cela ne contredit pas l'idéal masculin. Pour une femme, conçue comme essentiellement monogame, l'infidélité pose plus de problèmes : habituée à éprouver du plaisir en étant possédée sexuellement par un seul homme, à rêver au mariage monogame comme idéal de relations, comment peut-elle entretenir des relations simultanées, se demande l'homme. Est-elle capable de polygamie ou bien vit-elle ses liaisons comme des monogamies successives, oubliant l'un quand elle est avec l'autre ? Il y a là une contradiction dans laquelle beaucoup de femmes s'habituent à vivre : oublier (un moment ou toujours) le possesseur précédent pour prendre du plaisir et « n'être qu'au nouveau » (momentanément ou pour toujours). Les hommes ne connaissent pas,

souvent, cette dualité ; ils sont mieux préparés à « posséder » plusieurs femmes sans en renier aucune :

> La femme a un besoin instinctif d'une certaine sécurité... C'est
> dans le tréfonds des tripes de la femme, qu'elle veuille le recon-
> naître ou pas ; l'instinct du mâle, c'est de papillonner ; même si
> tu aimes bien une femme, ça n'empêche pas de coucher un peu
> avec les autres... La relation sexuelle fondamentale, c'est quand
> même pour l'homme un besoin de possession de la femelle. (Luc)

C'est bien par le sexe que les femmes vont tomber amoureuses
d'eux, c'est-à-dire devenir dépendantes, leur reconnaître un pouvoir
considéré comme plus ou moins définitif. C'est donc par le sexe que
l'homme pense imprimer sa marque ; aussi toute tromperie, même
« limitée au sexe », le menace dangereusement, car l'amant, l'autre,
risque de marquer, de prendre lui aussi possession ; et si jamais il
faisait mieux l'amour ?...
Les réactions à la « tromperie » seront en général de deux ordres :
— le rejet pur et simple. La femme est souillée, marquée par
un autre. L'idée d'un sperme étranger dans son vagin peut provo-
quer d'extraordinaires répulsions. De femme ou maîtresse légitime,
parée des attributs de la pureté et de la maternité, on la fait
passer à la catégorie de « moins que rien », de « putain », on se
réfère aux banalités misogynes en usage : « toutes des salopes ».
L'homme, déçu, désarçonné, dépossédé, essaye de transformer sa
souffrance, très réelle, en vengeance contre celle « qui a trahi », ou
contre le sexe féminin dans son entier ;
— ou bien on se dépêche de refaire l'amour avec elle, pour la
séduire à nouveau, pour effacer la marque de l'autre homme, pour
reprendre possession.
C'est pour éviter ces sentiments intolérables de dépossession, que
de nombreux hommes préfèrent ne pas connaître les infidélités de
leurs partenaires.

Il va sans dire que la jalousie est apparue comme le sentiment
le mieux partagé parmi tous les hommes interviewés. Au moins un
homme sur deux s'avouait sans aucune honte très jaloux et aucu-
nement désireux de cesser de l'être. Une vague culpabilité agitait
une grande partie des autres, mais sans être assez forte pour les
inciter à se montrer beaucoup plus tolérants. Les hommes qui se
déclaraient prêts à réformer leur jalousie, qui concevaient celle-ci
comme un frein à l'épanouissement de leur vie, étaient exceptionnels.

Très significatif est, enfin, le fait que plusieurs hommes aient expliqué leur jalousie non seulement par un réflexe de souffrance à une perte affective ou sexuelle, mais aussi par la peur que l'infidélité sape la représentation sociale de leur couple.

Ainsi, un tel qui « s'est bien dominé mais en a chié », dit n'être plus jaloux des rapports sexuels de sa femme, mais des rapports privilégiés qu'elle entretient avec d'autres hommes ; quand ils sont ensemble en société, il souffre que sa femme paraisse préférer parler avec d'autres que lui ; là, au moins, elle devrait jouer le jeu de l'épouse. Tel autre accorde une certaine liberté à sa femme pourvu surtout que « personne n'en sache rien », car cela pourrait être nuisible à sa carrière.

Monogamie ou polygamie ? Le mode de vie de l'homme

Engels montrait déjà que le mariage bourgeois n'était une union monogame que pour les femmes, l'existence des prostituées étant un indicateur social d'une polygamie masculine de fait.

> Nous n'entendons rien aux femmes, nous autres peuples de l'Occident. Nous les avons portées, à grand tort, presque à l'égal de nous. Les peuples de l'Orient ont bien plus d'esprit et de justesse. Ils les ont déclarées la véritable propriété de l'homme et en effet, la nature les a faites nos esclaves ; il faut que les femmes tricotent. Ce n'est que par nos travers d'esprit qu'elles osent prétendre à être nos souveraines ; elles abusent de quelques avantages pour nous séduire et nous gouverner. Pour une qui nous inspire quelque chose de bien, il en est cent qui nous font faire des sottises. La femme est donnée à l'homme pour qu'elle fasse des enfants. Or une femme unique ne pourrait suffire à l'homme pour cet objet, elle ne peut être sa femme quand elle nourrit, elle ne peut être sa femme quand elle est malade, elle cesse d'être sa femme quand elle ne peut plus lui donner d'enfants. L'homme, que la nature n'arrête ni par l'âge, ni par aucun de ces inconvénients doit donc avoir plusieurs femmes. (Napoléon Ier [1])

Cependant, au cours de cette étude, nous nous sommes aperçus que les hommes rencontrés s'avéraient beaucoup plus fidèles qu'on n'aurait pu s'y attendre. Est-ce un hasard dû à l'échantillonnage,

1. Cité par Georges Anquetil dans *la Maîtresse légitime* — *Essais sur le mariage polygamique de demain*, Paris, 1923 ; assez incroyable ouvrage en faveur de la polygamie, mais exclusivement masculine.

ou le signe que le modèle du bonheur petit-bourgeois — couple fidèle, en famille, dans son petit appartement, vie bien réglée, week-end et un peu de vacances — a vraiment été intériorisé par la majorité des hommes ?

En fait, certains hommes étaient ou avaient longtemps été scrupuleusement fidèles à leur épouse (ou amie dans les cas d'union libre) ; d'autres, s'il leur arrivait de temps en temps de « s'écarter », n'accordaient aucune importance aux femmes avec qui ils avaient eu des aventures. Les liaisons extra-conjugales ne les intéressaient pas, ils se considéraient eux-mêmes comme essentiellement monogames. Ils avaient trompé leur femme lorsque l'occasion s'y prêtait, en voyage d'affaires, etc., et à condition que cela n'ait pas de suite. Pour beaucoup d'hommes, la monogamie assez stricte représentait le seul mode de vie possible. Ils ne croyaient pas que l'on puisse, par exemple, vivre une relation amoureuse valable avec plusieurs femmes pendant une même période. Ils avaient fait le choix du père de famille avec un foyer stable que rien ne devait menacer, et abandonné le rêve de devenir un séducteur. Quand ils n'avaient pas encore « fondé un foyer », c'est surtout la peur de perdre une partenaire à laquelle ils étaient attachés qui les contenait dans une attitude monogame.

Dès que l'on parle sentiment, on parle, semble-t-il, exclusivité : on peut coucher avec plusieurs femmes, mais on ne peut en aimer qu'une à la fois. S'il vivait en communauté, Christian aurait des rapports avec plusieurs filles, mais

> ce seraient des rapports physiques et puis c'est tout... Ça ne m'empêcherait pas d'aimer une femme en ayant des rapports sexuels avec d'autres, même peut-être avec toutes les autres. L'amour, ce serait quelque chose en plus ; mais je n'en aimerais qu'une.

La plupart des hommes n'arrivent même pas à imaginer la possibilité d'avoir des relations sentimentales avec plusieurs femmes en même temps. Ils ne peuvent raisonner qu'en termes de comparaison, de choix, d'exclusivité, d'exclusion : on ne peut pas

> aimer à la fois l'éclair au chocolat ou le baba au rhum, il faut choisir. (Michel)

La plupart ne conçoivent les rapports avec les femmes qu'en termes familiaux. Quand on leur demande : « Mais ne pourrais-tu pas avoir des sentiments pour plusieurs femmes, des relations avec plusieurs femmes ? » Ils répondent : « Je ne me vois pas avec

deux foyers, ou je ne me vois pas avec deux femmes à la maison. »
    Très peu envisagent et souhaitent des relations vraiment libres, satisfaisantes affectivement, sexuellement, intellectuellement sans être exclusives. Dans notre enquête, un seul homme revendiquait un tel mode de vie. Trois autres l'enviaient ouvertement tout en se considérant incapables d'éprouver des sentiments vraiment intenses pour plus d'une partenaire.
    Ainsi Luc, s'il imagine qu'il lui est possible d'aimer deux femmes, refuse absolument de les placer sur le même plan. L'une serait sa femme, et l'autre un grand copain ou quelque chose d'intermédiaire entre la femme et le copain :

> Personnellement, je considère que je peux avoir des sentiments pour les deux, mais des sentiments qui ne seraient à la limite les mêmes pour les deux que si je n'avais pas un certain sens de ce que je dois faire et de ce que je ne dois pas faire... Si on peut appeler ça le devoir, mais enfin vis-à-vis de Martine, avec l'autre, je me dirais il faut que je m'arrête là, parce que vis-à-vis de Martine, faut pas que je le fasse (...) Je ne me vois pas, en même temps que je suis ici avec Martine, avoir quelque chose en dehors qui ait un caractère un peu régulier, disons une liaison... Non, parce que pour se trouver bien avec quelqu'un ça va beaucoup plus loin que le physique, c'est là-dedans que ça se tient et moi, là-dedans, j'ai pas de la place pour deux.

De même, presque tous doutaient qu'une femme soit capable « d'aimer *vraiment* deux hommes à la fois ».

    Les hommes, culturellement polygames, se font donc les défenseurs de la monogamie la plus classique. Le modèle du Séducteur reste fantasmatique car il est difficile de le faire exister dans la réalité — ce qui ne signifie pas qu'il ait disparu et qu'il ne se cache pas derrière bien des désirs masculins. L'union monogame stable, le foyer, la famille sont un refuge auquel les hommes s'accrochent ouvertement. L'absence de coercition sexuelle ou du moins la reconnaissance de la liberté des désirs du partenaire ne pourra exister que lorsque hommes et femmes seront persuadés qu'un clou ne chasse pas l'autre, que la seule fidélité exigible est celle qui repose sur la satisfaction, qu'on peut avoir des relations valables avec plusieurs personnes et parfois dans le même temps, que cela n'a rien à voir avec la possession ni avec la domination, qu'il ne s'agit pas « de dominer ou d'être dominé ».

Formation et reproduction
de l'idéologie masculine

Formation idéologique et répression sexuelle

L'acquisition de l'ensemble des idées et comportements masculins commence dès le plus jeune âge [1].

Depuis quelques siècles, on assiste à un allongement de la période d'apprentissage et d'acquisition des connaissances « nécessaires » à une vie d'adulte. Cet allongement donne à la famille et à l'école une importance croissante dans la formation idéologique des individus. Toute une série d'institutions, de « canaux » idéologiques, relaie et renforce le travail effectué par la famille et l'école : religion, armée, monde des « copains », mouvements de jeunesse, lectures enfantines... Et tout au long de l'existence, la publicité, les journaux, la télévision, le cinéma continuent à entretenir l'idéologie masculine, à pallier les défaillances éventuelles de celle-ci devant les incertitudes, la dureté et la tristesse de la vie réelle.

Le mécanisme qui permet d'accepter sans trop de heurts cet ensemble de valeurs, de l'intérioriser profondément, puis de le transmettre à la génération suivante repose essentiellement sur la répression sexuelle. C'est en leur interdisant le plaisir immédiat, en les culpabilisant de leurs désirs que l'on rend les jeunes peureux, timides, soumis. Et c'est en agitant devant leur nez la carotte du bonheur sexuel — mais toujours pour plus tard, quand ils seront grands, quand ils auront bien travaillé et mérité de la patrie — qu'on fait passer cette amère pilule.

La répression sexuelle ne s'exerce pas de la même façon sur les filles et sur les garçons. Les premières sont amenées à oublier toute dimension sexuelle pour se préparer au destin d'épouse fidèle et de vertueuse mère de famille. Les seconds sont élevés à voir dans leur sexe le signe de leur pouvoir, à condition qu'ils acceptent de ne pas s'en servir n'importe quand et n'importe comment.

1. Elena Gianini Belotti a montré ce qu'il en était pour les filles dans son livre *Du côté des petites filles,* paru aux Editions des Femmes en 1974.

A l'adolescent — « libre » de flirter un peu (s'il est courageux et joli garçon) et de se masturber la nuit (si la famille ne fréquente pas trop de prêtres) —, on inflige un endoctrinement qui veut rendre plausibles les interdits qu'il continue de subir, maintenant qu'il possède ce fameux organisme « puissant » dont l'impuberté le privait. Mais le prolongement de frustration est indispensable : il crée la convoitise et l'aveuglement avec lesquels, une fois majeur, le frustré se précipite dans les institutions sexuelles que l'Etat fait béer devant lui. Supérieur après avoir été esclave, nouveau gardien de l'humanité féminine, enfantine et déviante, il pourra devenir ce Père, propriétaire et flic, qu'on lui avait promis qu'il serait s'il se laissait d'abord écrabouiller pendant vingt ans [1].

Bâton : résignation au travail, à la place qu'on occupe dans la société, répression sexuelle, et carotte : mythes et modèles auxquels les individus vont coller car ils leur permettent de compenser ou de sublimer ces contraintes, de farder la réalité médiocre des couleurs du Grand Amour, pour les femmes, de la réussite et du Pouvoir, pour les hommes. Ces modèles compensateurs permettent de faire supporter aux hommes qui sont placés au bas de l'échelle sociale leur dépendance, leur exploitation, leurs médiocres conditions de vie, en flattant leur « nature masculine », leur orgueil de mâle, en leur serinant qu'ils sont bien aussi des Séducteurs, des Chefs.

La recherche des secrets

Avoir un minimum de connaissances sexuelles est pour le garçon une impérieuse nécessité. Il lui faut en effet se débrouiller pour savoir comment se passent les rapports sexuels, afin de pouvoir jouer le rôle qu'on attend de lui : celui de l'initiateur, du Prince charmant qui réveille les Belles endormies. Quant aux filles, elles sont maintenues dans l'ignorance le plus longtemps possible. Par exemple, une fille interviewée dans l'étude précédente croyait encore, à 18 ans, que les enfants naissent par le nombril.

Les connaissances acquises par les garçons restent cependant longtemps limitées à de vagues, et parfois aberrantes notions sur le coït

1. Tony Duvert, *Le Bon Sexe illustré*, Ed. de Minuit, 1972.

et la procréation — en fait le minimum de ce qu'il faut savoir pour prendre son plaisir avec une femme. Cette information sexuelle fruste et tronquée, mêlée d'erreurs et de fantasmes, dérive de plusieurs sources :

— *les lectures* : comme, dans beaucoup de familles, la question sexuelle reste tabou, le jeune garçon va chercher dans des lectures de tous ordres (dictionnaires, romans, revues, livres médicaux, parfois manuels religieux) les informations qui lui manquent ;

— *les copains* : ces bribes de connaissances livresques vont être mises en commun, socialisées en quelque sorte par le groupe des garçons à l'école ou au lycée. Les copains sont très importants pour l'acquisition et la vérification des croyances sexuelles. C'est vers eux que le garçon se tourne d'abord. Certains d'entre eux, plus vieux ou plus précoces, ont eu quelques expériences plus ou moins approfondies et s'en vantent, éclairant ainsi un peu la lanterne des « puceaux ». Mais en général, quand le jeune garçon peut être en contact avec ces initiés, il sait déjà les rudiments du « truc » ;

— *la famille* : deux familles seulement sur trente-deux ont informé assez librement et positivement leurs garçons sur la sexualité et la procréation, sans passer le plaisir sexuel sous silence. Faut-il préciser que ces parents n'étaient pas des catholiques fervents ? Dans deux autres cas, les parents ont répondu aux questions de leur fils en lui prêtant un livre rudimentaire sur le sujet.

Autrement, les familles se taisent ou parfois même donnent des avertissements angoissants qui accentuent encore la répression sexuelle exercée sur leurs enfants. Le père catholique et bourgeois de Francis, par exemple, l'emmène un jour au bois de Boulogne pour lui montrer les putains et le mettre en garde contre les épouvantables maladies vénériennes qu'elles ne manqueront pas de lui transmettre s'il va un jour avec elles : le péché comporte en lui-même sa punition ;

— *les éducateurs* : deux collégiens de 15 ans ont eu un professeur qui leur a expliqué quelques petites choses. Ce sont les seuls. Si l'information sexuelle fait partie depuis peu de l'enseignement secondaire, elle se limite le plus souvent à la physiologie de la procréation. L'information sexuelle distribuée dans l'école actuelle ne vise en fait qu'à propager les valeurs les plus traditionnelles en matière de sexualité. Mais ce que tous les adolescents demandent : une information sur le *plaisir* sexuel des deux partenaires, garçon et fille — cela fait cruellement défaut.

Un curé avait prêté à Camille un bouquin où il était surtout question de pureté, de petites fleurs et d'amour platonique : prépa-

ration à son futur mariage chrétien, où seule une sexualité étroite-
ment conventionnelle lui sera permise. Quelle aide ! Surtout quand
on sait que ce livre mettait l'accent avant tout sur la procréation,
insistant pour le reste sur le danger des perversions et des maladies
vénériennes. Camille, après onze ans de pensionnat catholique,
s'imagine le sexe des femmes et les relations sexuelles de façon ir-
réelle : orifice du vagin situé au-dessus du pubis ; nécessité pour le
garçon de tenir les jambes écartées, etc. ;
— *l'observation directe* : est pratiquement impossible...

La curiosité pour le sexe s'oriente autour de deux thèmes complé-
mentaires, mais distincts :
— découvrir les secrets féminins, ce qu'il y a de caché, le sexe
invisible — percer le mystère ;
— savoir comment on fait l'amour et les enfants, comment se
comporter soi-même avec une partenaire — en fait, comment user
des femmes.
Avant la période pubertaire, les connaissances sont complètement
fantaisistes, voire inexistantes : ainsi Charles, tenu à l'écart de toute
réalité sexuelle et durement privé de contacts affectifs (sa mère ne
l'embrasse jamais), se demande, à 7 ans, si les seins des femmes sont
durs ou mous. Pour le savoir, il simule une chute et se heurte à
la poitrine de sa mère. Il pourra ensuite informer du résultat de son
expérience un de ses camarades, qui se pose la même question.
Alors qu'il a des sœurs, Charles n'apprendra qu'à l'âge de 13 ans
l'existence des règles, grâce à un copain de classe.
Jusqu'à 12 ou 13 ans les garçons ne savent donc pas grand-chose.
A cet âge, l'un des interviewés croyait encore que faire l'amour
signifiait s'embrasser sur la bouche. Tous auraient aimé en parler
avec quelqu'un. Les connaissances « efficaces » ne leur viendront
qu'avec les premiers rapports sexuels. Et même alors, ils veulent
en parler, à la fois pour s'en vanter, pour se faire reconnaître comme
des hommes et plus des puceaux, et pour comparer leur expérience
avec celle des copains, se rassurer sur son caractère conforme. Mais
si les données anatomiques se précisent un peu, la méconnaissance
de la sexualité et du plaisir féminins demeure très fréquente. Elle
est entretenue par une méconnaissance symétrique, chez la majorité
des filles, de leurs propres capacités de jouissance. L'idée que la
pénétration est un acte magique, nécessaire et suffisant à la jouissance de n'importe quelle femme, n'est pas faite pour améliorer

les choses. Quand, plus tard, ils découvriront que cela ne suffit pas forcément, ils se sentiront menacés dans leur virilité et prêts à en rejeter la faute sur leurs partenaires, ces « peine-à-jouir ». Les jeunes qui ignorent l'existence du clitoris ou de l'orgasme féminin ne sont pas rares.

La nécessité absolue de se conformer au rôle sexuel traditionnel s'impose particulièrement à l'âge où les garçons commencent à préciser leurs interrogations au sujet du sexe des filles, du mécanisme des règles et du coït. C'est au même âge que les filles sont expressément invitées à passer dans le clan des femmes, dans l'univers défensif des secrets féminins : à partir du moment où elles ont leurs règles, elles doivent éviter les garçons, dangereux puisqu'ils peuvent les mettre enceintes. On les incite à cacher la réalité intime de leur sexualité, à la fois parce qu'elle est honteuse et parce qu'elle excite les hommes. L'obligation de cacher son fond de culotte, les règles, la menace obsédante d'une grossesse à la moindre infraction, sont génératrices d'angoisse. Pour fuir cette angoisse, une seule possibilité est laissée à la fille : s'identifier au rôle sexuel féminin tel que sa mère et les femmes de son entourage l'assument, et qui constitue une ligne de conduite toute tracée. Ceci souvent ne va pas sans regrets pour les années de l'enfance où garçons et filles pouvaient jouir de la même liberté.

Le garçon se voit donc à ce moment coupé de tout contact direct avec le sexe opposé. Plus son intérêt sexuel (génital) pour les filles se précise, plus on lui retire toute possibilité de les connaître. Pour lui aussi, entrer dans le clan des hommes, s'identifier au rôle sexuel masculin le plus traditionnel, permet de se rassurer grâce à un modèle préétabli. De plus, il espère trouver là les techniques et les rituels de séduction des femmes ; ce en quoi il est généralement déçu, les hommes faisant tout pour se protéger contre l'ascension des jeunes rivaux.

Le tour est joué. Les femmes sont devenues pour lui des êtres mystérieux, au sexe caché. Et le mystère ne se dévoilera jamais : elles demeureront différentes, incompréhensibles ; leur condition sociale inégale sera justifiée par une inégalité naturelle. L'acceptation de l'inégalité entre les sexes plonge donc ses racines dans cette période d'installation des rôles sexuels.

La masturbation [1]

La masturbation a une importance extrême dans la vie et la conduite sexuelle des hommes. En effet, la stimulation manuelle du pénis est proche (du même ordre mécanique) de la stimulation coïtale. Les garçons se masturbent d'ailleurs le plus souvent en imaginant qu'ils sont en train de pénétrer une femme. Les jeunes filles, quand elles se masturbent consciemment, s'aident rarement de fantasmes coïtaux, beaucoup trop éloignés du mouvement d'excitation manuelle du clitoris. Elles préfèrent le plus souvent une imagerie moins culpabilisante et plus platonique : baisers, situations de rencontre, etc. Pendant une longue période, elles vivent leurs attouchements comme une exploration autarcique de leur corps.

L'âge moyen auquel les hommes de notre enquête ont commencé à se masturber se situe entre 13 et 14 ans, avec des écarts allant de 8 ans pour le plus précoce à 20 ans pour le plus tardif. Les enfants de familles populaires étaient en général plus précoces que « les fils de famille ».

L'initiation est faite par les copains plus âgés, qui montrent ou racontent comment se masturber et quel plaisir on en tire. Sinon, il y a le geste de la main, très explicite et que tous les adolescents connaissent pour mimer la masturbation. Dans un cas seulement, nous savons que c'est le père qui a initié ses fils.

La découverte du plaisir orgastique va évidemment révolutionner la vie du garçon. Avec cette découverte extraordinaire qu'est l'orgasme, l'apparition du sperme le convainc qu'il est maintenant un reproducteur, un homme. Mais cette conviction se heurte bien vite au statut dépendant et infantile dans lequel la famille et la société le maintiennent encore. La question immédiate qu'il se pose est alors celle-ci : pourquoi, puisque je possède une capacité sexuelle adulte, m'interdit-on dans les faits de me chercher une partenaire sexuelle de mon choix ? Cette question parfaitement pertinente est grosse de révoltes contre l'autorité familiale et sociale ; elle est à la racine de ce qu'on appelle pudiquement le conflit des générations et qui est bien souvent une révolte contre un ordre anti-sexuel, anti-vie.

Personne ne donne une réponse satisfaisante, encore moins une

1. Nous n'envisageons ici que la masturbation avec éjaculation, telle qu'elle commence en général à l'adolescence.

solution réelle, à cette interrogation ; les adolescents sont simplements renvoyés à leur statut d'enfants et sommés de prendre patience ; et les filles sont tellement bien conditionnées qu'elles' oublient leur génitalité en attendant leur Prince charmant. Alors va commencer pour le garçon une longue et frustrante période exclusivement masturbatoire.

Les garçons de notre enquête ont attendu en moyenne 5 ou 6 ans entre la première masturbation et le premier rapport sexuel complet avec une fille. Certains avaient attendu 10 ou 12 ans. Seuls deux chanceux avaient attendu moins de six mois. Mais n'être plus puceau ne signifie pas pour autant pouvoir pratiquer une hétérosexualité régulière. La masturbation reste souvent pendant de longues années le seul exutoire aux besoins sexuels, les partenaires étant rares ou réticentes. De ce point de vue, le mariage est attirant parce qu'il semble au moins assurer une régularité des rapports sexuels. Dans une étude comme celle-ci, il est difficile d'établir la fréquence de la masturbation pour chaque individu. Mais si les plus réprimés, les catholiques convaincus, n'osaient que rarement y recourir, la masturbation était chez la plupart des interviewés fréquente (une ou plusieurs fois par jour, ou au moins plusieurs fois par semaine) pendant toute « l'adolescence ». Tout cela en rêvant au jour où ils pourraient enfin faire l'amour avec une fille.

La masturbation actuelle

4 interviewés seulement reconnaissaient se masturber encore, et sur les quatre, un seul de plus de 18 ans. On sait fort bien, par de nombreuses enquêtes, que tous les hommes, mariés ou non, se masturbent occasionnellement ou même régulièrement. Il faut bien constater que c'est un sujet culpabilisant et honteux pour les hommes adultes aussi. La plupart étaient gênés d'aborder ce sujet, certains refusaient tout net d'en parler. Deux jeunes déclaraient se masturber, non par plaisir, mais « par hygiène » ; un autre laissait faire l'éjaculation réflexe et nocturne pour ne pas commettre de péché.

La religion et l'Eglise sont souvent responsables de l'atmosphère de culpabilité qui entoure la masturbation. Un garçon allait se faire absoudre à la confession de chacune de ses masturbations. Plusieurs hommes étaient perturbés jusque dans leur vie sexuelle adulte par les sentiments de culpabilité hérités de l'adolescence.

Il n'y a pas seulement la peur du péché : les racontars sur les effets nocifs de la masturbation sont toujours en vigueur ; si personne ne croit plus que la masturbation rende sourd, on peut encore entendre ou lire qu'elle rendrait malade, fou, impuissant ou stérile... On croit rêver !

L'élément de culpabilisation le plus important pour les adultes, cependant, c'est que la masturbation est liée à l'image de l'enfant, du puceau. Avouer qu'ils se masturbent leur semblerait aussi avouer qu'ils en sont encore là, en état de manque, incapables de séduire une femme quand ils le veulent, et qu'ils ne sont pas complètement devenus des hommes, des vrais.

Pratiquement dès le début, les hommes pensent à des situations érotiques avec des femmes, pendant qu'ils se masturbent. Un seul interviewé se rappelait jeune, s'être masturbé sans imaginer une situation sexuelle avec une femme ; et c'était parce qu'à l'époque il n'avait aucune idée de ce que c'était que faire l'amour.

Les supports féminins des fantasmes sont des souvenirs de femmes rencontrées, des lectures « à lire d'une main », des photos ou des magazines plus ou moins pornographiques, que l'on feuillette en même temps. Les situations ainsi reconstruites dans l'imaginaire sont multiples : faire l'amour avec une ou plusieurs filles, de différentes manières, dans des contextes parés d'un certain romantisme ou au contraire sadiques, liés au viol, fétichistes, etc. Tout est possible en pensée, même les choses les plus éloignées de la réalité ; ainsi les fantasmes d'amour avec la Sainte Vierge qu'entretenaient Claude ou Charles.

La répression de la masturbation et sa fonction

L'autosatisfaction commence à être réprimée à partir du XVIIIᵉ siècle seulement : les éducateurs, pédagogues et médecins bourgeois, aidés bientôt des prêtres, vont partir en croisade contre l'onanisme et en faire un vice et un péché.

Les livres sur la répression de la masturbation se multiplient à cette époque et deviennent très vite des best-sellers [1]. Le souci d'édu-

1. Cf. *Histoire de la répression sexuelle* de Jos Van Ussel, R. Laffont, 1973.

cation des enfants se développe en même temps qu'apparaît le sentiment moderne de la famille. L'apprentissage de la soumission et de l'obéissance porte maintenant sur une plus longue période et sera d'autant plus efficace que les manifestations sexuelles infantiles ou adolescentes seront mieux réprimées. Le plaisir est plus que jamais suspect, au moment où l'économie capitaliste en expansion a surtout besoin de bras et non d'individus imaginatifs, tournés vers la jouissance. La période de sujétion des jeunes s'allonge, l'apprenti ou le collégien ne sont plus considérés comme des hommes en formation mais comme des enfants prolongés, faibles, innocents, dépendants, obligés de se préparer à l'âge et au métier d'adulte.

Le Moyen Age n'a absolument pas connu cette division et ce souci. On passait directement de l'enfance, achevée vers 7 ou 8 ans, à une vie d'adulte parmi les adultes. Cette transformation n'a d'ailleurs pas été facile à imposer. La bourgeoisie a dû mobiliser non seulement ses médecins et ses prêtres, mais aussi ses philosophes : Kant déclare vers 1780 qu'il faut à tout prix interdire la masturbation, car elle est contre nature. Les moyens les plus barbares sont utilisés contre les adolescents rebelles dès le début du XIXᵉ siècle : on attache les bras des jeunes derrière leur dos pendant la nuit afin qu'ils ne puissent se toucher les organes génitaux. On inflige aux garçons des brûlures du gland et des infibulations : anneaux perçant le prépuce de part en part et empêchant douloureusement toute érection. Pour les filles on effectue des brûlures du clitoris et des clitorectomies, on va parfois jusqu'à coudre les lèvres de la vulve. Ces pratiques existent encore pour les filles dans certaines sociétés, mais notre bourgeoisie occidentale, qui a la mémoire courte, les dénonce aujourd'hui comme signe de barbarie. C'est seulement que notre système est maintenant suffisamment bien rodé dans la répression et l'éducation pour se passer de procédés aussi voyants : la honte et la culpabilité en matière de sexe remplacent avantageusement la contention physique directe.

C'est à la même période qu'apparaît la propagande pour l'éducation physique et le sport, activités jusqu'alors réservées à l'entraînement des militaires et sur lesquelles on va détourner les pulsions sexuelles des adolescents.

La culpabilité, les modèles sexuels qui leur sont proposés, leur manque de connaissance des filles, préparent les garçons à une sexualité brutale et objectivante.

L'obsédant matraquage du sexe de consommation auquel les soumettent les magazines, les livres, les films et la publicité fournit des supports imaginaires pauvres et falsifiés. Ce sont pourtant ces images-là qui peuplent les fantasmes des garçons condamnés à la masturbation exclusive pendant de longues années. La réadaptation aux femmes réelles leur sera d'autant plus difficile que cette période aura duré plus longtemps. S'il faut réhabiliter et déculpabiliser l'autosatisfaction comme parfaitement saine et « normale », l'essentiel demeure que l'on puisse avoir des rapports sexuels à tout âge, dès que le désir en apparaît. La masturbation reste un pis-aller, pour autant qu'elle est pratiquée à défaut d'autre chose.

La « première fois »

Elle est vécue par les adolescents comme un véritable rite d'initiation, de passage à l'état d'homme adulte. Elle va être précédée de toute une série de tentatives infructueuses : les « flirts », que les filles ne désirent pas sexualiser outre mesure.

C'est en moyenne vers 18 ans qu'a eu lieu, pour les garçons de l'échantillon, le premier rapport sexuel avec une fille. Le plus précoce avait 13 ans et le plus âgé, un fils de famille aisée et catholique, 24 ans. Les garçons des classes populaires étaient en général plus précoces que les bourgeois.

Cette « première fois » se passe le plus souvent dans de très mauvaises conditions : gêne réciproque, méconnaissance du plaisir et de la physiologie de la partenaire, répétition d'un mécanisme masturbatoire solitaire. La jeune fille, si elle n'a pas d'expérience, n'en sait guère plus sur elle-même et se trouve généralement incapable de formuler ce qu'elle aimerait que fasse son partenaire. Camille peut ainsi avoir son premier rapport avec une fille sans même toucher une seule fois sa vulve de la main. Si l'on ajoute à cela les réticences et les peurs des filles vierges, cette première réunion de deux partenaires « innocents » conduit à une mauvaise farce et non à cet état de félicité que promet, à ceux qui ont su se garder purs, la morale religieuse. Si le garçon est toujours fier d'avoir « passé le cap », il est le plus souvent déçu du plaisir physique éprouvé, moindre que celui qu'il obtient par la masturbation.

Cette première fille est parfois pucelle, parfois putain ; on l'épousera, ou on ne la reverra plus. C'est souvent n'importe qui :

> Ça m'a laissé complètement indifférent, surtout que c'était une fille que je n'aimais pas du tout,

raconte Charles, « déniaisé » par une ouvrière de l'usine où il travaille, à l'occasion d'une « boum ».

Pierre s'était fixé le programme suivant : trouver une fille qu'il n'aimerait pas pour se dépuceler, puis des filles plus gratifiantes qu'il puisse aimer mieux et enfin une avec qui il puisse rester — ce déniaisage préalable devant lui permettre d'être à la hauteur avec les filles importantes.

C'est que la femme « bien » est présentée dans toute l'éducation des garçons comme un être éthéré, d'une certaine façon asexué, semblable à un oiseau ou à une fleur, qui n'est capable que de grands sentiments et sait attendre l'homme de sa vie, dont le simple contact la transportera au septième ciel. Etre viril, « à la hauteur », c'est pouvoir vaincre la réserve féminine, c'est initier ; dans l'état actuel, cela correspond à des images brutales de prise et de pénétration très voisines du viol. Les résistances de la partenaire sont censées tomber dans l'action et son plaisir supposé la rendre soumise et contente de l'être.

Après une telle éducation, il sera difficile aux hommes de comprendre que les caresses et la douceur sont plus efficaces qu'une pénétration brutale et sans préparation. Leurs expériences avec des femmes élevées à ne pas manifester de volonté sexuelle ne peuvent que les renforcer encore dans leurs préjugés. C'est seulement lorsqu'elles cessent d'attendre tout de l'homme que les femmes osent refuser les conduites frustes qui les laissent insatisfaites.

Tu seras un homme, mon fils
ou l'éducation de garçon

Ne pleure pas. Tel est le premier commandement.

Quand on est un garçon, on ne pleure pas. Qu'on ait les genoux écorchés ou un gros chagrin, on retient ses larmes. Le petit mâle apprend très vite qu'étant un garçon, il lui faut contrôler, refouler sa sensibilité, savoir garder la face et masquer ses sentiments.

Le petit mâle apprend très vite aussi que, n'étant pas une fille, il ne saurait avoir le même caractère, les mêmes occupations, les mêmes jeux.

Selon que l'on naît garçon ou fille, il y a deux voies et deux mesures ; le garçon comprend très tôt qu'il vaut mieux être un garçon, qu'il est vexant d'être traité de fille :

> Quand on me traitait de fille, je ne comprenais pas, mais je me sentais vexé parce qu'on me disait ça de telle façon que je me sente vexé, quoi... Rien que par le ton, tout ça... Quand on me disait ça, c'était comme si je m'écartais d'une voie toute tracée, et puis qu'on me refoutait d'un coup de patte sur les rails... (Christian)

L'éducation de garçon est destinée à mettre le petit mâle sur la bonne voie, à lui faire acquérir ou à développer chez lui les qualités « masculines », la Virilité, au détriment des qualités considérées comme « féminines », à le préparer au rôle de chef qu'il devra jouer dans la famille ou la société. Cette éducation de garçon, c'est d'abord dans le cadre familial qu'elle est donnée.

La famille

Les mères sont femmes au foyer, épouses et « aimantes », les pères sont une autorité lointaine, dont la vie se déroule à l'extérieur, dans leur travail ; au foyer, leur rôle est d'intervenir pour rétablir l'ordre quand la mère est débordée. Cette première image des rôles masculins et féminins est déterminante pour l'enfant, et il tendra tout naturellement à la reproduire :

> Mon père ne faisait rien dans la maison, ma mère faisait tout. C'était normal que je ne fasse rien, comme mon père. (Christophe)

Jacques, ingénieur, reconnaît qu'il reproduit dans sa famille actuelle et dans l'éducation de ses enfants le modèle familial connu dans son enfance :

> Dans le ménage, je crois que j'ai une conception traditionnelle, quoi que j'en dise. D'abord parce que toute mon éducation est là derrière : ma mère ne travaillait pas, mon père c'était le chef de famille. Bien sûr, ça a évolué, je pense qu'on n'a pas le comportement exact de nos parents, mais j'ai tendance à répartir les rôles comme ça... Ma femme me dit souvent : « Tu inculques à tes gosses des notions inacceptables. » C'est un peu inconscient, mais on se rend compte que les gosses (qui ont une dizaine d'années) ont déjà des modèles en tête. Les filles disent : quand on sera grandes, on aura des enfants. Elles parlent rarement de leur métier : quand on est grande, on est une maman, on a des enfants et un mari qui va travailler. Pour le garçon aussi, c'est vrai, quand il sera grand, il aura une femme qui pourra...

Lui-même joue le rôle traditionnel du chef de famille dans l'éducation de ses enfants, sans toujours en être conscient ; c'est ainsi qu'il explique :

> Ma femme s'occupe vachement de l'éducation de ses gosses, plus que moi, mais je n'ai pas l'impression de me reposer sur elle. L'autorité, je crois qu'elle est partagée. D'ailleurs ma femme l'utilise, cette autorité : « Si tu fais pas ça, je serai obligée de le dire à ton père quand il rentrera »...

Lorsqu'ils parlent de leur père, tous les hommes interviewés en donnent une image assez semblable : c'est « une autorité lointaine qui prend les ultimes décisions », c'est le « seigneur absent, dictateur et maître », le père, « surpuissant, agressif, autoritaire, silencieux et castrateur ». C'est celui qui juge, qui punit, qui décide, qui interdit, qui réprime et qui garde ses distances. Le fils le regarde, l'admire ou le déteste, mais apprend à tenir le même rôle. Luc, enfant, avait « une sorte de vénération » pour son père :

> Il avait la force physique, il avait fait la guerre de 14, c'était le chef à la maison...

Quand il se marie, il endosse naturellement le même rôle :

> Etre un bon père de famille, conscient de ses responsabilités, dans le milieu où j'étais, ça faisait partie de la règle du jeu. Je faisais *comme si*, je jouais le jeu honnêtement.

Il reconnaît qu'il s'agissait bien d'un jeu : en fait, c'était sa femme qui prenait réellement les décisions, mais il fallait « pour l'extérieur, et aussi pour ma femme, que ce soit moi qui aie l'air de décider ». A chacun son rôle, et les enfants seront bien élevés : élevés dans la conscience de leur rôle futur.

Frères et sœurs sont rarement traités de la même manière, on encourage en chacun le comportement ou les qualités adaptés à son sexe : la mère d'un interviewé l'encourage à se battre mais punit sa fille lorsqu'elle a déchiré ses vêtements ou filé ses bas, et l'ingénieur déjà cité reconnaît aussi :

> Je voudrais que mes filles soient propres... Ça me gênerait moins que le garçon soit sale ; c'est drôle, hein ? mais ça m'énerve quand je vois mes filles sales... J'ai un garçon qui est assez peureux et ça m'ennuie aussi...

Le garçon peut généralement faire un certain nombre de choses qui restent interdites à sa sœur : siffler, grimper aux arbres, se battre, dire des gros mots, courir la campagne ou jouer dans la rue avec des copains, etc.

Il se convainc vite de la supériorité masculine : il est du même sexe que le chef de famille, donc du côté des chefs. Même si son jeune âge le fait encore dépendant, il jouit de privilèges par rapport à ses sœurs, à ses cousines ou à ses voisines ; il a eu la chance de naître du bon côté, et en est conscient.

Pour éprouver sa supériorité, le garçon taquine les filles, cherche à les épater. Quand il se promène dans la campagne, enfant, Pierre entend couramment sa grand-mère dire aux voisines : « Rentrez vos poules, je lâche mes coqs. » Et, petit à petit, il se met à jouer au petit coq, à rouler des mécaniques ; à « être capable »,

Tu seras un homme, mon fils

par exemple, raconte-t-il, d'avaler des asticots pour impressionner les filles de la voisine et leur prouver qu'il est un homme :

> Moi, on m'a élevé comme ça, je devais pas être une fille, je devais pas réagir comme une fille... Je devais donc être fort, dur et puissant.

C'est de ce même adage (« Rentrez vos poules, je lâche mes coqs ») que se sert Bernard pour justifier l'inconvénient non seulement d'être, mais aussi d'avoir une fille : le risque de la voir revenir « en cloque » si elle n'a pas été bien gardée. « Vous avez de la chance, c'est un garçon », lui dit la sage-femme à la naissance de son premier enfant, et il trouve qu'effectivement, c'est une chance :

> Dans ma tête à moi, les filles, ça a toujours été l'emmerdement. C'est mignon quand c'est petit, après ça devient con... Et puis c'est toujours un trop gros problème moral, une fille... C'est pas à cause de la continuité de la lignée, tout ça, non...

Bernard est un prolo, et un bâtard ; la continuité de la lignée, il n'en a effectivement rien à faire. Mais dans les familles bourgeoises à grandes prétentions morales et sociales, comme celle de Francis, c'est bien la continuité de la lignée qui justifie la supériorité masculine :

> Les filles sont des « pièces rapportées », elles ne transmettent pas le nom, elles sont là en attendant de se marier.

Comme leurs pères, la plupart des garçons ne participent pas au travail ménager. Lorsqu'ils le font, c'est rarement à égalité avec leurs sœurs : ils y consacrent moins de temps et on leur réserve les tâches considérées comme plus masculines, parce que faisant appel à la force physique, parce que moins répétitives, ou parce que plus tournées vers l'extérieur : bricolage, jardinage, travaux de force ou exceptionnels (lessivage, peinture...). Les garçons sont chargés plutôt des courses (sortir, manipuler de l'argent) que de la vaisselle, et plutôt de la vaisselle que du repassage ou de la couture...
Habitués à être servis par leur mère et leurs sœurs, puis par leur femme, certains hommes divorcés se retrouvent incapables de laver leurs chaussettes, de recoudre un bouton ou de faire cuire des nouilles. Supérieurs, mais infirmes.
Car le rôle auquel on forme le garçon n'est bien évidemment

pas un rôle d'homme d'intérieur. Son enfance est une enfance de chef. Son éducation le prépare avant tout à prendre sa place dans la hiérarchie sociale, à lutter pour y monter le plus haut possible, et à prendre dans la famille sa place de chef et de père.

On le pousse donc à se battre : il doit être capable de se défendre et de protéger les autres, il doit apprendre qu'on n'a rien sans mal et sans lutte, que la vie est un combat — mais sans pour autant frayer avec les voyous, contester l'ordre social et la propriété, mal tourner. Il ne faut pas qu'il devienne non plus trop brutal et oublie de respecter les règles du jeu, mais qu'il se batte « comme un homme » et non « comme un chiffonnier ».

Son domaine, c'est l'extérieur. Même dans les familles très répressives et puritaines, le garçon jouit d'une plus grande liberté d'horaires, de fréquentations et de mouvements que la fille, et plus tôt qu'elle : l'extérieur est le lieu des dangers et de la corruption, mais si on l'en tient trop à l'écart, si on l'élève en fille, le garçon se révélera incapable d'y prendre sa place, de s'y débrouiller.

Son rôle principal est d'avoir un métier et de gagner de l'argent. Si la fille n'a pas de résultats scolaires brillants, on la place en attendant de lui trouver un mari et, si on en a les moyens, on lui paie des toilettes ou des croisières pour qu'elle en trouve un plus rapidement. Si le garçon est dans le même cas, on s'obstine, on lui paie des cours particuliers, la pension chez les jésuites ou dans un cours privé, on se prive même pour cela. On souhaite aussi qu'il ne se marie pas trop tôt, pas avant d'avoir pu se faire une bonne situation.

Dès l'enfance, le garçon sait qu'il lui faudra prendre sa place dans le monde du travail. Pas moyen d'y échapper :

> On est un homme, donc il faut arriver dans la vie, il faut avoir une situation. Le garçon, on ne lui demande pas de choisir, on lui dit : il faut une situation, et c'est terminé. Dès qu'il commence à rentrer à l'école, il n'entend parler que de ça, on lui dit : plus tard, il te faudra une situation, alors il faut que tu travailles... (Philippe)

L'éducation de garçon passe aussi à travers un certain nombre d'activités, comme les jeux d'enfants.

Jouets et jeux

> Dès la naissance on commence à donner au garçon des petits
> fusils en bois, des petites voitures, tout ça... Et puis, la petite
> fille, elle se retrouve avec une poupée et un petit berceau pour
> jouer à la maman. Il est évident que pour un gosse qui a le cer-
> veau malléable, tout blanc, quoi, comme de la cire, ça se grave
> à tout jamais... Même après, s'il a l'impression de penser, de
> réfléchir il utilise les matériaux qu'on lui a donnés alors qu'il
> était encore pratiquement inconscient... ça l'a marqué pour toute
> une vie. (Christian)

Un coup d'œil aux catalogues de jouets ou une visite aux grands
magasins au moment de Noël en apprennent long sur la répartition des rôles et permettent de se rendre compte de la spécialisation sexuelle croissante des jouets. Les jouets d'enfants sont
presque tous répartis en deux catégories tranchées et exclusives
l'une de l'autre.

Les petites filles sont invitées à « faire comme maman » : à
jouer avec des poupées, des dînettes, des maisons de poupées,
des appareils électroménagers en réduction, des prêts-à-coudre,
des prêts-à-tisser, des prêts-à-tricoter, des prêts-à-décorer, des panoplies d'infirmière (pas de médecin), de fée (pas d'ingénieur),
d'hôtesse de l'air (pas de pilote) ; à être « coquettes comme
maman » ; à fabriquer des bijoux ; à utiliser des perruques et des
coffrets de maquillage.

Les garçons ne daigneront pas jeter les yeux sur ces jouets :
eux sont invités à se croire cosmonautes ou *Marines*, physiciens
ou pilotes de course... comme papa ? Non, mieux que papa, plus
homme, plus viril : Superman, super-héros, super-puissant...

Sont considérés comme des jouets de garçons — et comme tels
proposés comme supports à leurs rêves, à leurs fantasmes, à leurs
aspirations, à leur besoin d'identification :

— les jouets inspirés de la vie militaire et de la guerre : petits
soldats ; revolvers, carabines, arcs, armes de tout genre ; matériel,
voitures, avions et camps militaires ; panoplies de soldats ; pou-
pées-mannequins de « forces spéciales » des grands pays impérialistes (à quand la panoplie du bon petit bourreau et de l'Escadron de la mort ? A quand la « gégène » miniature ?).

— les jouets qui imitent des moyens de transport, où la découverte et la conquête de l'univers s'unissent au prestige de la technique : trains électriques, bateaux, avions, modèles réduits, voitures, satellites, capsules Apollo... panoplies de marins, d'aviateurs, de cosmonautes...

— les jouets de compétition inspirés de la compétition sportive : circuits miniatures, baby-foot...

— les jouets scientifiques : coffrets de chimiste, de physicien, d'électronicien, de « petit savant »...

— les jouets et jeux d'aventure et d'action : jeux dérivés de romans policiers, panoplies d'Indiens et de cow-boys, de Zorro ou de mousquetaires, etc.

Tous ces jouets font appel à un certain nombre de valeurs précises : agressivité, aventure, action, conquête, compétition, domination par la force ou la technique... — qui sont les mêmes que la publicité utilise pour vanter la « vraie vie d'homme ».

Les garçons doivent devenir des citoyens prêts à se battre physiquement pour défendre les conquêtes coloniales (ou, plus récemment, « les valeurs de la civilisation occidentale ») là où les intérêts des sociétés multinationales sont menacés, prêts à lutter contre l'ennemi intérieur et à collaborer avec la police dans sa lutte contre les méchants, prêts à se battre pour étendre un marché ou éliminer un rival, prêts à faire des heures supplémentaires pour pouvoir acheter une voiture plus puissante que celle du voisin, prêts à commander ou à obéir selon la place qu'ils occupent, prêts à accepter sans discuter les arguments des technocrates — fondés puisque « scientifiques » —, prêts à se croire supérieurs aux femmes, aux nègres, aux Arabes, à tous ceux à qui manque la force physique, la force des armes, la force de la technique ou le pouvoir.

Les filles reconnaissent ces valeurs comme étant celles des garçons, mais aussi comme étant les valeurs dominantes de la société ; elles savent qu'elles rêvent de trains électriques, de petites voitures et de soldats plus que leurs frères ne rêvent de poupées, de dînettes ou d'aspirateurs miniatures.

Il n'y a pas que les jouets que l'on offre aux enfants, il y a aussi les jeux auxquels ils se livrent entre eux avec des accessoires peu coûteux, ou sans accessoires, et qui sont également sexués : il y a les jeux de garçons et les jeux de filles. Les enfants sont incapables d'expliquer pourquoi sauter à la corde est un jeu de filles et pourquoi jouer aux billes est un jeu de garçon, mais cela leur semble évident et, dans les cours de récréation, ils s'excluent mutuellement de leurs jeux respectifs.

Il semble, à y regarder de plus près, que soient plus spécialement destinés aux filles les jeux d'adresse, où on rivalise « d'habileté », où on peut jouer seule — ou à plusieurs, mais sans former de groupes opposés — et qui demandent un espace assez réduit et relativement peu de déplacements : corde, balle, diabolo, jeu de l'élastique... ; et que soient plus spécialement destinés aux garçons les jeux opposant deux groupes rivaux, demandant un espace plus vaste, plus de déplacements et faisant appel à la force physique plus qu'à l'habileté : jeux de ballon (football, balle aux prisonniers...), jeux de gendarmes et de voleurs, jeux de cow-boys et d'Indiens...

Les jeux de garçons intègrent le garçon dans un monde de rivalité collective où il s'agit de se montrer le plus fort en frappant ou touchant les membres du groupe ennemi, en leur « prenant » le ballon ou un autre accessoire : c'est un monde de guerre où il y a deux camps et non des individus, et où la rivalité est directement physique. C'est aussi un monde tourné vers l'extérieur, plus vaste que celui des filles.

A l'inverse, les jeux de filles opposent des individus qui rivalisent dans la réussite d'un objectif (comme elles rivaliseront individuellement dans la recherche d'un mari). Il leur faut se montrer la plus habile (comme il leur faudra se montrer la plus jolie, la meilleure cuisinière), mais il n'y a jamais d'affrontement physique direct dans leurs jeux ; ceux-ci les préparent à un monde réduit, atomisé, sans solidarité, où il leur faudra « briller », attirer les regards et où on leur demandera de l'habileté plus que de la force.

Certes, il existe des jeux de garçons qui font davantage appel à l'habileté qu'à la force, à la rivalité individuelle qu'à la rivalité collective. C'est le cas, par exemple, du jeu de billes ; mais dans ce jeu, il s'agit tout de même de savoir viser — comme plus tard avec un fusil — et de « prendre » à l'adversaire, de le ruiner, non pas seulement de se montrer plus habile que lui. Les filles, elles, n'échappent à la rivalité individuelle, à l'atomisation qu'en se livrant ensemble à des jeux qui préfigurent leur avenir familial, où leur rôle sera d'apaiser les conflits, d'assurer une sécurité affective et de développer la solidarité interne.

L'école

Bien qu'il se prétende neutre, laïc et apolitique, simple préparation à la vie professionnelle, le système scolaire, auquel personne n'échappe, est un instrument de choix pour la formation idéologique. Il permet, tout en les voilant, la perpétuation des exploitations de classe et de sexe.

A côté du clivage idéologique et social, mis en évidence par des études comme celle de Baudelot et Establet [1], entre un réseau d'enseignement primaire-professionnel « prolétaire » et un réseau secondaire-supérieur « bourgeois », existe en effet un autre clivage, que l'on passe généralement sous silence, et qui est celui de l'apprentissage de conduites, d'ambitions et de rôles distincts selon les sexes.

L'école reprend à son compte la vision de la femme destinée à se marier, à faire des enfants, et pour qui le travail restera toujours un travail d'appoint. On oriente les filles vers des filières littéraires plutôt que scientifiques, ou vers des professions à faible niveau de qualification : emplois de bureau, couture, commerce... Pendant que les garçons font « de l'atelier », les filles font de la couture, de la cuisine ou de l'enseignement ménager. Les jugements des conseils de classe et d'orientation sont souvent motivés par des considérations sexistes : on renvoie la fille vers la « vie active » et la recherche du mari, alors qu'on s'efforce davantage de « repêcher » les garçons ; on oriente les filles en fonction de leurs « qualités » esthétiques : les plus mignonnes deviendront vendeuses, les autres devant se contenter d'être « employées de collectivité », c'est-à-dire bonnes à tout faire...

Une idéologie diffuse, mais constante — quoique absente des programmes officiels —, est infligée tout au long de la scolarité, avec l'apprentissage d'attitudes dites féminines ou masculines (« un garçon ne pleure pas », « une fille ne se bat pas », « une fille ne doit pas se tenir comme ça »), avec l'interdiction du port du pantalon pour les filles dans certains établissements, le port d'une blouse obligatoire pour les filles et non pour les garçons, les

1. C. Baudelot et R. Establet, *L'Ecole capitaliste en France*, Maspero, 1972.

jeux différents permis aux uns et aux autres dans les cours de récréation, les séances d'éducation physique séparées et avouant des buts différents (on précise souvent que le sport doit développer grâce et souplesse chez les filles, force et musculature chez les garçons)...

L'enseignement du français ou des mathématiques est illustré d'exemples et d'exercices persuadant, jour après jour, les enfants qu'ils ont des qualités et des rôles différents selon le sexe auquel ils appartiennent. Lors d'un cours de mathématiques, par exemple, on demande aux enfants de classer l'ensemble des jouets en deux sous-ensembles : jouets de garçons et jouets de filles ; mettre une poupée dans le premier et une voiture dans le second entraîne bien sûr la mention « incorrect »... De même la phrase « papa lave la vaisselle » ne pouvant pas être déclarée grammaticalement incorrecte, la maîtresse dira que l'exemple lui-même est incorrect [1].

Toute la conception de l'enseignement-compétition va dans le sens des « valeurs viriles », les maîtres instituant souvent aussi une compétition où il est mal vu, « anormal » que les filles l'emportent :

> Alors elle rend les copies en disant : « C'est quand même un scandale que ce soit une fille qui ait la meilleure note. Et j'espère que ça ne se reproduira plus [2]. »

On commence à dénoncer le contenu sexiste des livres de classe et le rôle joué par l'enseignement dans la formation d'attitudes et de valeurs différentes suivant le sexe. Nous avons relevé un certain nombre d'exemples, parmi beaucoup d'autres, dans des livres de français et des cahiers de classe utilisés dans une école primaire parisienne en 1973-1974.

Ces livres donnent de la famille une image idyllique : c'est là le lieu du vrai bonheur. Le père est sérieux, travailleur, fort et ferme ; la mère est dévouée, aimante, fatiguée et courageuse.

Sous la lampe
Nous étions là, tous les trois, bien serrés, bien protégés. Maman cousait ou reprisait. Papa lisait son journal.
Papa allait chercher ses outils, son cuir, ses clous. « Comme il use ses chaussures cet enfant-là ! » soupirait ma mère. « Bah ! disait mon père, c'est un garçon, maman. »

---

1. Anecdote authentique.
2. *Le Livre de l'oppression des femmes*, Poche-club, 1972.

Comme il me paraissait fort, papa, lorsque je le voyais taper allègrement sur les clous brillants qui jetaient parfois des étincelles.

Exercices :
— Lisons : l'auteur présente une famille heureuse. Faites-le sentir en lisant. Sourions. Ne crions pas. Tout est calme dans la maison.
— Ecrivons : « Comme il me paraissait fort, papa, lorsque... » Sur le modèle de cette phrase, complétez : « Comme elle me paraissait fatiguée, maman, lorsque... »
(*Lectures* pour le CE2, collection R. Toraille, librairie Istra.)

Pour une bonne lecture. Faisons sentir la satisfaction et l'attendrissement. « Mon Dieu ! comme c'est bon d'être assis au coin du feu. Il n'y a vraiment rien de meilleur que la vie de famille. Je l'avais toujours pensé. »
(*Belles Pages de français*, CM1, Larousse.)

La famille Lamandin

Au troisième étage habitent les Lamandin, dans un logement qui n'est ni grand, ni très sain, ni très clair, mais qui est tenu avec beaucoup de soin et de propreté. Il y a la salle à manger avec sa table ronde, sur laquelle Tifernand fait ses devoirs, lit ou joue le soir avant de se coucher, pendant que sa maman coud et que son père lit le journal.
La maman de Tifernand n'a pas une très bonne santé ; elle tousse tout l'hiver. Mais elle est très courageuse ; c'est elle qui coud, qui raccommode, lave et repasse le linge de toute la famille ; et vous pensez qu'elle a encore bien autre chose à faire, depuis le café du matin jusqu'à la soupe du soir.
C'est une excellente maman. Il arrive bien qu'elle s'impatiente et rudoie un peu ses enfants ; mais c'est qu'elle est fatiguée et souffrante. Il arrive aussi qu'elle leur fasse un reproche ou leur demande un service sur un ton doux et un peu triste. Lorsqu'elle s'adresse ainsi à Tifernand, il se précipite pour l'embrasser.
— *Pour bien lire.* Vous lirez bien si vous sentez la douceur un peu triste de cette scène.
(*Le Français vivant, Lectures choisies*, CM1, Larousse.)

La famille

Les membres d'une famille doivent s'aimer, se soutenir, s'entraider ; ils sont solidaires.
La maman est compréhensive, indulgente, tendre, affectueuse ; elle excuse ses enfants, leur pardonne.
Le papa est autoritaire, sévère. Parfois il est absorbé par son travail ; il rentre fatigué et demande du calme et du silence.

Les grands-parents gâtent leurs petits-enfants ; ils sont faibles.
(*Cahier de vocabulaire*, CM2. Mots à apprendre pour le lundi
6 mai 1974.)

Famille humble, qui permet aux prolétaires de supporter les
difficultés de l'existence, la pauvreté et la maladie, et qui est proposée comme la seule possibilité de « vrai bonheur » dans la
vie. Famille immuable, aux rôles strictement répartis. Comme ils
sont répartis dans la société : aux hommes les professions de direction ou de responsabilité : contremaître, médecin, etc. — aux femmes les professions subalternes et mineures : ménagère, infirmière
ou employée des postes — mais tous sérieux, consciencieux et
actifs. Cette image est véhiculée en même temps que l'apprentissage du vocabulaire, le cahier déjà cité le montre bien :

> *Lundi 12 novembre 1973* : les magasins, la rue. Une ménagère
> diligente, active, rapide dans son travail...
> *Lundi 26 novembre* : la santé, la maladie. Le médecin est éner-
> gique, habile, consciencieux. L'infirmière donne les soins, aide
> le médecin, veille le malade ; elle est douce, patiente, dévouée,
> serviable.

Ces rôles différents que l'homme et la femme doivent tenir
consciencieusement dans la famille et la société, sont bien sûr
justifiés par des « natures » différentes. Dans les lectures et les
exercices, les garçons apparaissent audacieux, assurés, robustes,
sportifs, courageux, face aux filles qui sont inquiètes, effrayées,
fragiles : en lecture comme en grammaire, le masculin l'emporte
toujours sur le féminin et les enfants en sont bien conscients :

> Comprendre et aimer le texte :
> — Montrez que ces enfants, surtout le garçon, font preuve de
> beaucoup d'imagination.
> — Françoise joue-t-elle comme les garçons ? Qu'inventent-ils
> exprès pour elle ? Pourquoi ? (elle s'est un peu « froissé la peau
> d'un genou »...)
> (*Le Français vivant*, op. cit.)

Michel se hissa jusqu'à la cabine.
« C'est une vraie locomotive, fit-il en connaisseur. Elle a des
manettes. »
Et il se mit à les faire tourner.
« Touche pas à ça, gémit Babette, qui était restée en bas.
C'est peut-être défendu. Et puis, tu as déchiré ta culotte. Nous

nous ferons attraper. Tu vois bien que c'est une vieille machine abandonnée : elle est toute rouillée. »
« Monte donc, froussarde ! »

Et le manuel recommande, pour une bonne lecture, de prononcer avec inquiétude les paroles de Babette, et avec assurance celles de Michel...

> Comparez le départ des filles et celui des garçons, demande-t-on après une autre lecture du même ouvrage :
> Regardez : elles sont parties ! Non, elles reviennent. Le départ a été manqué. Elles n'étaient pas bien en ligne pour passer devant la tente des juges.
> Les garçons, bien disciplinés, sont partis. Le départ a été admirable...
> (*Belles Pages de français*, CM1, Larousse.)

Lorsque les lectures ne mettent en scène que des filles, elles se déguisent, cueillent des fleurs, jouent avec leur poupée ou leur petit chat, aident leur mère à faire des gâteaux ou se réjouissent de leurs cadeaux d'anniversaire... Quand les garçons sont seuls en scène, ils escaladent les montagnes, font du ski, campent, construisent des cabanes, vont à l'aventure. Ainsi :

> **Michel, champion de ski**
> ... Le moindre risque, c'était la jambe cassée ; le plus grave, l'écrasement contre un pylône... A une vitesse folle, il descendait, admirable d'audace et de sûreté. Il s'arrêta bientôt. « Et voilà », dit-il simplement.
> *Exercices :*
> — Lisons : dès le début du récit, nous savons que Michel court de grands risques. En lisant, faisons sentir notre inquiétude et notre admiration pour l'exploit du skieur.
> (*Lectures* pour le CE2.)

Tout ceci, jour après jour, dès la maternelle. Marchant de pair avec une soigneuse répression de toute manifestation sexuelle, répression qui permet d'obtenir l'obéissance, la soumission aveugle des élèves, de les empêcher de contester le contenu et les formes de l'enseignement qu'ils subissent. Et cette obéissance au maître d'école, à l'enseignement reçu, prépare directement la soumission au patron, au chef d'atelier et aux normes de travail.

L'école, comme tout système autoritaire, ne peut fonctionner que sur la base d'une féroce répression de la sexualité, aussi bien

infantile que génitale ; à tel point que la scolarisation est considérée comme incompatible avec toute vie sexuelle : renvois multiples de lycéens surpris à s'embrasser dans un couloir, refus
d'accepter des femmes mariées ou enceintes dans la presque totalité
des établissements, de peur qu'elles ne contaminent les blanches
brebis du troupeau, etc. On est bien sûr un peu plus large pour les
garçons :

> Ma sœur prépare Normale sup.
> Elle a eu quinze de moyenne en khâgne.
> Elle vit avec un mec qui n'a eu que onze.
> Ils sont dans la même classe et ça ne plaît à personne.
> Ils sont assez provos dans leur genre, ils s'habillent tout en
> noir, enfin des trucs comme ça.
> Ils s'amènent en s'embrassant, ça ne plaît pas. Alors elle n'a
> pas eu son concours cette année-là, elle a demandé au lycée
> à redoubler. Le proviseur lui a dit : « Vous ne pouvez pas
> redoubler dans mon établissement. »
> Elle a dit : « Et machin ? Est-ce qu'il peut redoubler ? »
> Le type dit : « Ecoutez, c'est arbitraire, c'est vrai, seulement
> vous êtes un couple, ça ne nous plaît pas, on va vous séparer...
> Alors vous, vous ne pouvez pas redoubler ici. »
> Elle a dit : « Mais j'ai quinze de moyenne, il n'a que onze,
> si vous choisissez l'arbitraire, alors prenez les lois du nombre
> et de celui qui fait mieux que l'autre. »
> Il a dit : « Hum ! Vous êtes la fille. Dans ce cas-là, on sacri-
> fie la fille. Nous, on n'a pas intérêt à avoir des filles reçues
> au concours. » (Cité dans *le Livre de l'oppression des femmes* [1].)

Mais il faut aussi que les garçons respectent les conventions
sexistes : pas de cheveux trop longs, par exemple. L'école n'agit
pas seulement par son enseignement et ses règlements, mais aussi
par ce qui se passe dans les cours de récréation, avant et après
la classe : jeux, constitution de bandes, relations avec les copains.

Les bandes

Vers 8-10 ans, la plupart des garçons ont fait partie d'une
« bande » recrutant au niveau d'un village, d'un quartier, d'une
école, d'une classe, et présentant deux caractéristiques principales :
avoir un chef, et s'opposer à une ou plusieurs bandes rivales...

1. *Op. cit.*

A l'âge où le garçon « quitte les jupes de sa mère », l'appartenance à une telle bande renforce et développe les qualités masculines, la « culture » masculine, le modèle de la virilité. Le petit garçon peut être couvé par sa mère, se faire consoler, avoir peur de se battre. Mais sorti du cadre familial, intégré à une bande, il n'est plus question de se conduire en fille, si l'on ne veut pas devenir la risée des autres ou leur souffre-douleur. Il faut apprendre à se battre, à ne pas pleurer, à jouer à des jeux de garçon, à faire du vélo, à grimper aux arbres, à participer à un monde de fraternité virile et de rivalité entre groupes. On apprend à mépriser les filles, exclues de ce monde viril, qui sont des pipelettes, des peureuses, des pleureuses, qui font des chichis et des histoires, qui ne savent ni se battre ni jouer au football :

> Quand j'étais môme, les filles c'était quelque chose d'inférieur : on ne joue pas avec les filles. (Serge)

> Les filles... bah, c'était des filles... Ça parle beaucoup, ça fait des histoires... (Jacques)

Une bande, ça a un chef. Quand on n'est pas le chef — ou bien on « s'écrase », si on ne se sent pas de taille, pas assez fort : on apporte du chocolat ou des sous qu'on a piqués à sa mère, pour se faire bien voir, pour ne pas être battu, pour être protégé éventuellement — ou bien on est un fidèle lieutenant, en attendant de devenir chef à son tour — ou bien on fonde une bande rivale. Quand on est le chef, on se fait obéir, on fait régner l'ordre dans les rangs, on mène ses troupes à la bataille. De toute façon, on intériorise l'idée de hiérarchie, on adhère à l'idéologie du chef et de la compétition. On répète son rôle futur : être supérieur aux femmes, savoir se battre dans tous les domaines et respecter la hiérarchie sociale.

Quand on a plus de 12 ans, quand on a quitté l'école communale et qu'on n'est plus un « petit », la bande de garçons se modifie. On ne joue plus de la même façon aux petits soldats, aux héros de bandes dessinées ou de feuilletons d'aventure ; on se regroupe par affinités, on entre dans « le monde des copains », sans hiérarchie ouverte et avouée. Si la bande se maintient, si de nouvelles bandes se forment avec les mêmes caractéristiques, c'est seulement dans le monde dit « des bandes de jeunes » ou de la « délinquance », où l'on s'oppose à l'ordre social existant en le caricaturant, en renchérissant sur les valeurs viriles : agressivité, dureté, mépris pour les filles (qui ne sont bonnes qu'à baiser, voire qu'à violer), fraternité de combat...

Il y a aussi les bandes institutionnalisées, suscitées et encadrées par les adultes : ce sont les différents mouvements de jeunesse, qui développent les mêmes valeurs viriles pour former non des délinquants, mais au contraire des hommes bien adaptés au système social et prêts à s'y tailler des places de chefs.

Les mouvements de jeunesse

Les mouvements de jeunesse développent une idéologie de la hiérarchie, du rôle de chef, de la virilité et de la responsabilité qui convient très bien aux enfants de la bourgeoisie, futurs chefs, futurs responsables. Ceux-ci la prennent beaucoup plus au sérieux que les fils d'ouvriers, pour qui il s'agit surtout d'un moyen d'occuper leurs congés en sortant de la ville, en ayant des activités auxquelles la situation de leur famille ne leur permet pas normalement d'accéder. Les deux directeurs d'entreprise de notre enquête sont aussi deux anciens chefs scouts... Pour l'un d'entre eux, d'ailleurs, l'image de la virilité reste associée à celle du chef et, plus précisément, à celle de son ancien chef scout. L'esprit scout « prend » mieux également sur ceux qui ont subi une éducation très catholique que sur ceux qui n'ont pas reçu d'éducation religieuse.

Un lycéen, fils d'ouvrier, sans éducation religieuse, est ainsi devenu très hostile au scoutisme (après en avoir fait l'expérience) et à l'idéologie virile et paramilitaire qui y règne :

> En général, dès qu'on refuse de suivre une masse de garçons, de jouer au football par exemple, c'est l'argument qui arrive : « T'es qu'une fille... » A tout prix, on veut t'intégrer dans un certain courant, y a rien à faire. Comme le scoutisme, une belle connerie aussi... Moi, j'en ai fait deux ans, pour m'occuper. Oh, ils nous ont pris en main au bon âge, à l'âge critique ! Finalement, c'est du paramilitarisme. A la fin, je commençais à trouver ça malsain, cette vie de groupe, cette homosexualité deguisée — comme à l'armée, d'ailleurs. Et les saluts aux couleurs, c'est à peine nationaliste ! Les décorations, une certaine progression vers un certain idéal — faut voir lequel ! Les épreuves qu'on devait passer, c'était quelque chose pour faire un homme, c'est

ça : pour faire un homme, un Homme !... Comme si on avait
des examens à passer, quoi, et puis qu'on vous refilait un diplôme
« d'homme » à la fin... (Christian)

Le scoutisme, dit-il, enseigne, comme l'armée,

> le culte de la virilité, de la franche camaraderie. La camaraderie :
> faut se sentir tous dans le même bain — c'est Montherlant ou
> Saint-Exupéry, ça, qui voulait un culte de l'action et de la
> camaraderie, l'héroïsme... La camaraderie, ça veut tout dire ! La
> camaraderie, c'est : « Ça va, mon pote ? », et puis on garde
> ses distances. Après, c'est louche... Il y a une certaine réserve,
> chacun a une pique et empêche l'autre d'approcher, de piétiner son
> cerveau, d'aller explorer à l'intérieur... On nous a enseigné ça :
> la franche camaraderie, mais pas l'amitié. Dans l'amitié, il y a
> une certaine sentimentalité qui commence à apparaître, c'est pas
> bien... Finalement, on est élevé à manquer de certaines choses,
> les filles aussi, et puis tout le monde est content, tout le monde
> s'arrange. Cette agressivité qu'on nous enseigne, cette dureté, ça
> lèse chez nous un certain instinct. Ce besoin d'aimer quelqu'un
> d'autre, on l'a lésé chez nous.

Pur et dur, tel doit être le scout, le militaire, l'homme.

Le service militaire, consécration de la virilité

« Le service militaire fera de toi un homme, mon fils, il te
dressera », dit-on aux adolescents — comme on disait aux petits
garçons : « Tu verras, quand tu iras à l'école, le maître te dressera. »

Quand on n'a pas fait son service, on n'est pas un homme.
On ne se marie pas quand on n'a pas fait son service.

Mais, dira-t-on, le service militaire, baptême et consécration de
la virilité, c'est une image bien périmée : aujourd'hui, un garçon
ne se croit plus déshonoré s'il est réformé, ne pense plus qu'il ne
trouvera pas à se marier. Aujourd'hui, les garçons font leur service parce qu'il le faut, mais s'en passeraient bien. Cette image
est-elle si périmée ? Qu'en pensent réellement les adolescents interviewés, eux qui devront faire leur service dans quelques années ?

L'un trouve que, dans l'ensemble, « le service militaire, c'est bien ▸ ; s'il avait la possibilité de se faire réformer, il la refuserait, parce qu'il

> aime bien voir tout ce qui se passe, et puis, ça peut servir, c'est bien d'apprendre à se servir des armes ; et aussi ça sert à faire des hommes, par l'entraînement, tout ça, ils en voient de dures... (Thierry, 15 ans)

Un autre « s'en fout ▸ : puisqu'il faut le faire, puisque les autres le font, il le fera. Il y en a beaucoup dans sa classe qui disent qu'il faut faire son service pour être un homme : « Ils le disent, mais ils ne doivent pas vraiment le penser. ▸ Il y en a aussi qui sont contre, parce que ça fait perdre un an d'études — « là je suis d'accord, d'être contre ». Mais, dans le fond, c'est bien

> de conduire les engins, de faire du sport, et puis ça nous fait un peu la vie raide, ça nous fait du bien... (Ludovic, 14 ans)

Le troisième est plus réservé dans son appréciation de l'armée :

> Moi, ça ne me plaît pas tellement. Ça dépend : au point de vue moral, au point de vue mental, ça nous forme, ça nous fait devenir des hommes. On en voit de dures. Mais moi, ça ne me plairait pas de me faire engueuler toute la journée, je n'aime pas qu'on me donne des ordres. (Philippe, 15 ans)

Le dernier pense aussi que l'armée fait de vous des hommes, qu'elle vous inculque le culte de la virilité et de la franche camaraderie ; mais, comme ce sont des valeurs qu'il conteste, ça « l'emmerde vraiment d'aller se faire rincer le cerveau » pendant un an : et, s'il avait la possibilité de se faire réformer, il n'hésiterait pas.

> C'est con, le service militaire. Et il arrive dans une période où il est difficile de lutter ouvertement contre lui, parce qu'on est occupé à se créer une situation, à trouver un avenir, à préparer sa profession future. On est obligé de le subir, à contrecœur. Un an de lavage de cerveau sans pouvoir rien faire d'autre, ça doit être atroce... (Christian, 17 ans)

Qu'ils soient hostiles, favorables ou indifférents, les adolescents voient bien dans le service militaire quelque chose qui doit faire de vous un homme, un vrai, un homme viril. D'ailleurs, les illustrés qu'ils lisent, la propagande qu'ils subissent, l'image qu'ils reçoivent de l'armée dans leur éducation, les préparent à envisager leur service militaire comme une consécration de leur éducation de garçon et une initiation à la vie d'homme.

Initiation aux accessoires masculins : armes, engins, alcool (c'est à l'armée que plusieurs prennent leur première cuite : ainsi Bernard s'installe avec un copain au comptoir du mess, ils vident consciencieusement les chopes de bière, sans grand plaisir, mais jusqu'à ce que « ça y soit »...).

Initiation sexuelle aussi : pour les hommes qui ont eu une éducation très répressive, le service est l'occasion d'un relâchement de la surveillance parentale et d'une initiation sexuelle par les copains qui vous entraînent « voir les filles » ou au bordel. Le père de Francis le savait bien qui, avant de le laisser partir pour l'armée, lui dit qu'il allait être « livré à lui-même » et qu'il devait faire très attention, parce que dans les villes de garnison la pureté était mise à rude épreuve.

Après le service, le garçon est un homme, capable de devenir un chef de famille et de prendre sa place dans la hiérarchie sociale. Il est censé avoir une situation, pouvoir entretenir une femme et des enfants, et la frustration sexuelle qu'il a malgré tout subie (en dépit des « plaisirs » des villes de garnison...) pendant un an d'isolement et de dépaysement le font souvent se précipiter dans le mariage.

Le service militaire prépare aussi les garçons à prendre leur place dans le monde du travail : l'armée enseigne la discipline :

> Le sens de la hiérarchie passant par l'apprentissage de l'obéissance, on y apprend à être un chef, à son niveau et selon ses capacités. (Francis)

> On prend conscience, en subissant la discipline, des possibilités de l'autorité. La base du service militaire, c'est : si tu te tiens bien et si tu marches droit, on te donnera un poste plus élevé, et quand tu auras un poste plus élevé, tu pourras en faire chier d'autres. Mais, l'armée, ça ne forme pas seulement des mâles, ça forme aussi des sacrés salauds, des profiteurs, bien intégrés dans le système par l'exemple qu'ils subissent — ça leur permet de savoir comment s'y prendre, le jour où ils auront une parcelle d'autorité... (Christophe)

Le copain, gardien de l'ordre viril

La camaraderie masculine est un thème couramment abordé dans les chansons, les films, les romans, les bandes dessinées, etc. Elle est décrite comme rude, franche, pudique, bourrue, « virile ». Cette idée qu' « entre hommes » règnent l'amitié, la camaraderie franches et loyales, toutes « qualités masculines », est très répandue :

> Les hommes ont des amis, les femmes ont au maximum des copines, qu'elles débinent. (Christophe)

> Pour moi, l'amitié c'est très masculin. C'est vachement masculin, l'amitié. (Jacques)

> Les hommes ne sont pas plus francs que les femmes, mais l'amitié masculine est plus rustre, plus franche que l'amitié féminine. (Serge)

> D'ailleurs, les femmes le reconnaissent elles-mêmes, qu'elles s'entendent moins bien entre elles que les hommes entre eux. Je l'ai constaté au niveau des boîtes, partout où j'ai bossé, je l'ai constaté. (Camille)

> Les filles, elles ont l'air vachement copines, et puis elles se tirent tout le temps dans les pattes, pour les gars. Les garçons, c'est pas pareil. (Ludovic)

Cependant, tout va bien lorsqu'on reste « entre hommes », mais qu'une femme intervienne, et la belle camaraderie se trouve menacée. C'est un lieu commun, un thème dominant des chansons, films, romans sur l'amitié masculine. Et combien de maris « trompés » avec leur meilleur ami ! La femme « fout la merde » entre les hommes : on se met à faire l'intéressant pour la séduire et, de frère, on devient vite rival.

Le « monde des hommes » et le mythe de la fraternité virile développent une solidarité masculine qui s'exerce aux dépens des femmes : celles-ci sont exclues de ce monde, ou bien y apparaissent dans des plaisanteries où elles jouent un rôle d'objets sexuels ou de mégères.

Si on examine le contenu du « monde des hommes » où est censée régner la fraternité, on constate qu'il s'agit souvent en fait d'activités bien peu « fraternelles » ou amicales, telles que la guerre, la compétition sportive, la politique, toutes activités impliquant l'existence de rivaux. Comment des activités ayant pour fondement la rivalité, le désir de l'emporter sur l'autre, d'écraser, de vaincre, peuvent-elles être associées à l'image d'un monde reposant sur l'amitié et la coopération ? La fraternité virile chantée par les romans, les bandes dessinées, les films d'aventures, est une fraternité de combat, forgée sur les stades ou dans les rizières du Vietnam. Le mythe de la fraternité virile sert à masquer la lutte des classes sous la « guerre des sexes ».

De leur première rentrée scolaire à la fin de leur service militaire, et souvent encore par la suite, les garçons passent la plus grande partie de leurs journées sous le regard des « copains ». Le copain joue un rôle très important dans la vie d'un homme, dans sa socialisation, dans sa « masculinisation ». Et les parents le savent bien, qui encouragent leur fils à se faire des copains, des « bons » copains.

C'est le copain qui risque de vous traiter de fille, c'est avec le copain qu'on forme une bande, qu'on joue aux jeux de garçons, qu'on apprend à admirer les héros et à mépriser les filles.

C'est avec les copains, en tâtonnant, qu'on arrive à former une image de ce qu'il faut être et à rectifier ce que l'on est pour se faire accepter dans le monde des hommes.

C'est avec les copains qu'on essaie de savoir ce que c'est que les filles, ce que c'est que faire l'amour. C'est à eux qu'on raconte ses expériences — en en rajoutant. C'est leur approbation qu'on recherche, leur désapprobation qu'on redoute, tant qu'on n'est pas sûr de soi.

C'est pour épater le copain qu'on essaie de draguer une belle fille qui passe. C'est avec le copain qu'on fume les premières cigarettes, qu'on prend sa première cuite et, parfois, qu'on va au bordel ou qu'on cherche une fille pour faire ses premières armes.

Le copain, c'est le témoin et le gardien de la masculinité, le garant de l'ordre viril — et chaque homme est un « copain » pour les autres... Incertain, mal dans son rôle parfois, mais n'en laissant, surtout, rien paraître. Rêvant parfois à des rapports profonds, sincères ; rêvant parfois de pouvoir tomber le masque ; cherchant chez les filles l'affectivité qui n'a pas droit de cité dans le monde des mâles — mais leur réservant ce seul rôle, et continuant de jouer au dur devant les copains.

Ainsi fabrique-t-on les Garçons.

Ainsi cela continue-t-il.

Ainsi va le Monde des Hommes.

La petite idéologie
illustrée

Les media jouent un rôle croissant dans la transmission des modèles culturels, aussi nous a-t-il semblé intéressant de regarder de plus près l'un d'eux : les illustrés pour enfants, et l'idéologie qu'ils véhiculent. Nous avons retenu à cet effet quelques numéros, parus entre 1970 et 1974, de quatre titres parmi les plus connus : *Spirou, Tintin, Mickey* et *Pif-Gadget*.

Décors, intrigues, héros plongent le lecteur dans un monde que nous avons déjà rencontré : celui de l'Aventure, de la vraie vie d'homme.

Le décor est presque toujours hostile : lorsque les aventures contées ne se déroulent pas dans « la jungle des villes », au milieu des gangsters et des rafales de mitraillettes, elles se déroulent dans une nature à laquelle le héros doit s'affronter. C'est la jungle de la préhistoire, des populations « sauvages » ou des guerres d'Extrême-Orient, ce sont les déserts de l'Arizona ou de la Libye, les étendues de glace des pôles ou les espaces intersidéraux et leurs dangers terribles. Le héros se heurte aux tigres, aux serpents, aux ours géants, aux mammouths ou aux loups. Il parcourt le monde au milieu de volcans en éruption, de flots déchaînés, de marées galopantes menaçant de se refermer sur lui, de sables mouvants engloutissant les méchants auxquels il s'oppose. Ce ne sont que pluies diluviennes, torrents dévastateurs, orages grandioses ou sécheresses infernales.

Le héros connaît parfois quelques heures de repos dans des paysages enchanteurs ou grandioses. Mais toujours l'Aventure l'appelle et l'arrache au paradis pour un nouvel épisode.

D'épisode en épisode, d'aventure en aventure, il lui faut protéger la femme et l'orphelin, déjouer les plans sordides des espions, gangsters, preneurs d'otages, saboteurs, cambrioleurs et assassins. Il doit les empêcher de nuire aux innocents, de dérober tantôt des plans secrets, tantôt les trésors de temples hindous ou de galions engloutis.

Justicier solitaire ou membre d'un petit clan qui se déplace à travers le monde pour faire triompher le Bien et déjouer les manigances des méchants, aviateur, pilote de course, soldat, agent secret, « gorille », cascadeur ou shérif, le héros est fort, dur et invincible, rompu aux sports de combat ou as du pistolet.

Les aventures qu'il vit sont surtout policières, militaires ou sportives. Mais si les illustrés consultés consacrent environ soixante pour cent de leur surface à des histoires d'aventures, tous n'accordent pas la même place à chaque thème : les aventures policières sont présentes dans tous les cas (au moins vingt pour cent de la surface), mais l'accent peut porter sur les héros militaires *(Spirou)*, les sportifs *(Tintin)* ou les redresseurs de torts *(Pif-Gadget)*.

Dans les numéros que nous avons retenus, *Pif-Gadget* et *Mickey* n'accordent aucune place à l'armée et *Tintin* une place limitée (6 % de la surface totale, 10 % des histoires). *Spirou,* en revanche, consacre 40 % de ses pages d'histoires et le tiers de sa surface totale à l'armée, à la guerre et aux armes.

Sur trois numéros de *Spirou* consultés (n°s 1 840, 1 876 et 1 885), nous avons trouvé cinq pages de propagande rédactionnelle pour l'armée, intitulées : *l'Armée : une grande aventure moderne.* On y voit deux copains se balader d'arme en arme. Chez les chasseurs alpins, par exemple :

Les joies de la montagne pour nous sont permanentes !... Avec des stations (dont celle futuriste de Flaine : un chalet pour 120 chasseurs et un champ de tir), un matériel et des moniteurs comme ça ! *(geste à l'appui).* Et quel entraînement ! On passe l'hiver skis aux pieds ! (...) L'été, ce sont les ascensions, l'assaut des cimes ! Tous ceux qui viennent chez nous sont des mordus de la montagne... On nous apprend aussi à devenir parfait secouriste, par exemple à soigner et évacuer un copain blessé en lui confectionnant un traîneau avec ses skis... Car ce qu'il y a de plus beau chez les chasseurs alpins, c'est leur solidarité. Epris d'un même idéal : la montagne, vivant quotidiennement au cœur de ses joies et de ses dangers, un même esprit les anime tous, officiers et soldats : l'esprit de la cordée...
Au matin : « Que c'est magnifique ! — Oui ! Peu de gens ont des réveils comme les nôtres... Comment ne serait-on pas heureux dans notre arme ? Le service national passe trop vite ! Servir dans les chasseurs alpins, c'est apprendre à défendre son pays dans les plus beaux paysages du monde ! »

Chez les paras, nos deux copains s'entendent dire :

Moi, j'adore le sport ! Je ne veux pas dormir ma jeunesse. J'aime le risque. (...) Oui ! petits gars : l'entraînement est dur, mais on attrape un corps du tonnerre ! (...) Ici, pas question de brosser un cours ! Car cette formation intensive progressive doit te garantir la force morale et physique pour ce jour où, pour la première fois... TU PASSERAS LA PORTE ! (...) Alors, tu es mûr pour la grande aventure de ta vie ! (...) Et voilà ! Ton « pépin » s'est ouvert... Tu te balances mollement entre ciel et terre, le monde à tes pieds... Ta peur te quitte... Tu exultes : tu as réalisé un « truc » difficile et triomphé de toi-même ! Ta récompense : au bout du « pebrock », l'adjudant, le colonel ne pèsent pas plus lourd que toi. Avec toi, tous font partie de la « grande famille de la trouille » ! Eh oui, les gars, on en raconte sur le service national. N'empêche qu'il y a des tas de choses intéressantes à y faire si l'on veut vaincre sa peur, se faire de bons copains et, en fin de compte, être prêts à défendre le pays.

Ces pages de propagande ne sont signées qu'indirectement par l'adresse (qui est celle du ministère des Armées) à laquelle il faut envoyer les réponses au concours annexé, mais elles ne détonnent pas du tout dans cet illustré. Ces bandes dessinées y font appel directement à des épisodes de la dernière guerre mondiale : *Requiem pour cinq Zeppelins (les Belles Histoires de l'oncle Paul)* conte ainsi *la Grande Tragédie des mastodontes de l'air* (allemands), et *Tarawa, atoll sanglant* montre la lutte menée par les Marines pour déloger des îles du Pacifique « les Japs », ces « faces de prunes », ces « billes de safran » qui « tirent dans le dos ».

Une chronique est consacrée aux « armes secrètes, armes farfelues ». Une rubrique de modèles réduits, *Mister Kit,* présente la BMW R 75 :

> Si vous avez donné un ton sable à votre moto, elle fait donc partie de l'Afrika Korps du maréchal Rommel (21. Panzer Division).
> Il convient de ne pas mettre d'insignes SS sur une moto Afrika Korps, car ils n'étaient pas présents sous les ordres du maréchal Rommel.
> Brigade SS Wallonie, un modèle très original...

ou le Dauntless :

> Excellent bombardier en piqué, très prisé de ses équipages, le Dauntless fut l'instrument des premières ripostes américaines dans le Pacifique...

Elle ouvre un concours de photos « à tous les lecteurs possédant dans leurs albums de famille des photos militaires » et accorde son deuxième prix à une photo de Dornier 24 ainsi commentée :

> Il porte encore l'immatriculation d'avant-guerre : D-ADLP ; sur ses dérives, la croix gammée noire dans un cercle blanc sur bandeau rouge.

Les héros d'aventures auxquels *Spirou* consacre des pages de publicité sont presque tous des militaires — que cette publicité soit faite sur le mode humoristique :

> Outlaws contre les Mexicains, contre les Comanches, contre les vaches, contre les Tuniques bleues, caramba ! Ça fait beaucoup d'adversaires dans une seule guerre. Le sergent Cornélius Chesterfield et le caporal Blutch reçoivent de leur général l'ordre d'éclaircir certaines histoires de viandes avariées, d'armes et de Peaux-Rouges, pour que la guerre puisse continuer paisiblement.

ou sur le mode héroïque :

> Depuis des années, le dessinateur des Buck Danny suit avec une admiration sans réserve les exploits militaires de trois Américains. Pour lui, ce sont des hommes tout d'une pièce, aux nerfs d'acier, au courage inhumain. à la résistance physique sans limites. Partout autour de la terre, ils sont toujours prêts à servir les intérêts de leur pays.

Ce portrait est bien celui du Vrai Homme, de l'Homme viril, ces qualités sont bien celles que l'on propose en modèle aux jeunes garçons : courage, maîtrise de soi, supériorité de la force physique et morale — et que cet homme soit militaire et américain n'est pas fait pour nous surprendre...

L'image de l'armée que *Spirou* propose ainsi en modèle à ses jeunes lecteurs est celle d'une armée impérialiste fasciste. Le racisme qui l'accompagne et que nous avons déjà pu noter dans le feuilleton *Tarawa, atoll sanglant* se retrouve ailleurs dans ce journal. C'est ainsi que dans un « dossier-reconstitution » consacré aux Indiens des plaines, l'auteur écrit à propos des Sarcees ou Castors des prairies :

> Au point de vue pathologique (*sic*), leur capacité mentale est inférieure à celle des Siksika. Leur prestance n'est pas aussi affirmée. Plus petits et moins communicatifs, ils manifestent peu de sympathie à l'égard des Blancs.

Serait donc « pathologique » quiconque n'est pas grand, n'a pas une belle prestance, ni une grande sympathie à l'égard des Blancs .... Une « image-reconstitution » montre par ailleurs un chef cheyenne et son épouse qui est « une captive blanche », tandis que la spoliation et le génocide dont furent victimes les Indiens ne sont évoqués qu'en termes très « pudiques » :

> La pression constante vers l'Ouest provoque d'incessantes guerres tribales.

Si les illustrés pour enfants ne développent pas tous des thèmes ouvertement racistes, ce qui risquerait d'ailleurs d'entraîner leur saisie, dans presque tous les stéréotypes raciaux ou nationaux sont fortement marqués. Ainsi les histoires qui traitent des problèmes politiques de l'Amérique du Sud le font toujours sur le mode humoristique et présentent les Latino-Américains comme des gens incapables, nonchalants, vains et ridicules. Celles qui traitent du Moyen-Orient le font sur le mode héroïque et présentent les Arabes comme des fanatiques inquiétants ; les Asiatiques, eux, sont tous obséquieux et d'une cruauté raffinée, etc.

Sur six numéros de *Tintin* (nos 1146, 1157 et 1253 de l'ancienne formule, 62, 64 et 70 de la nouvelle formule), l'armée et la guerre n'apparaissent guère que dans une seule histoire : *les Scorpions du désert,* et par le biais de l'espionnage et des services secrets. Le journal présente ainsi les héros de cette aventure :

> Qui sont-ils ? Sur mer, on les appelle des corsaires. Dans les révolutions d'Amérique du Sud, ce sont des desperados. Parachutés derrière les lignes ennemies, on les baptise commandos spéciaux. Dans le désert de Libye, en 1940, quand les Italiens et les Britanniques s'affrontent encore seuls, (...) il y avait aussi des *marginaux de la guerre*. Leur travail ? Escarmouches rapides, coups de main risqués, destructions et sabotages, noyautages de réseaux secrets, prises de renseignements, combats de harcèlement. (...) Le tout sous des uniformes d'emprunt, à bord de véhicules pris à l'ennemi, en civil, n'importe comment. Pour les outlaws, seul compte le résultat. (...) Il est pratique de disposer d'hommes qui n'ont plus les faiblesses des autres : « spécialistes » à l'état pur, Hassan et Koïnsky ont-ils encore un cœur, une âme, des sentiments ? Le savent-ils eux-mêmes ? Ils ont (et n'ont apparemment que) des réflexes : ça finit par exister, les machines de guerre vivantes.

Mais ces machines de guerre sont des héros proposés à l'admiration des garçons. Corsaires, outlaws, marginaux de la guerre, forts et durs, les héros virils sont bien toujours les mêmes...

Le sport représente peu de chose dans *Spirou* et dans *Mickey* (1 à 2 % de la surface totale : publicité, courrier des lecteurs).

Il tient une place plus importante dans les informations, les gadgets, la publicité de *Pif-Gadget* — et le judo et autres sports de combat jouent un rôle décisif dans les aventures du Docteur Justice, l'un des héros de ce journal. C'est cependant *Tintin* qui lui accorde la plus grande place : 15 % de la surface totale, sous forme de publicité et de reportages — par exemple un reportage sur Guy Drut, qui

> se lance dans l'aventure de la vie et des stades, sûr de sa force, inconscient du danger, ignorant le doute, la peur ou le trac,

et aussi dans les histoires (25 % de la surface qu'elles occupent). Les principaux héros de *Tintin* sont des sportifs : Michel Vaillant, pilote de course, champion du monde ; Dan Cooper, pilote d'avion ; Vincent Larcher, champion de football. Beaucoup d'aventures policières s'y déroulent également dans les milieux sportifs, par exemple *les Cascadeurs (l'impossible est leur métier)*.

A travers le sport sont exaltées les qualités « viriles » de maîtrise de soi, d'endurance, de force et de courage, de compétition et de camaraderie masculine :

> Le sport automobile est une affaire d'hommes courageux ! On y risque sa vie également en allant aider un adversaire à échapper aux flammes ! (Michel Vaillant)

Presque toutes les aventures, même lorsqu'elles se déroulent dans le monde du sport ou dans celui de la guerre, sont des aventures policières qui mettent en scène des journalistes, des inspecteurs de police, des détectives professionnels ou amateurs. Qu'il s'agisse d'espionnage politique, militaire, industriel ou sportif, de vols de trésors ou d'enlèvements contre rançon, chaque page a son lot de coups de feu, de bombes, d'attentats, de pièges. Le héros triomphe grâce à son esprit logique qui lui permet de déduire, de prévoir, de découvrir le coupable ou le danger (lorsque, par extraordinaire, le héros est une femme, c'est, nous le verrons, surtout grâce à son intuition qu'elle réussit) grâce à sa force physique aussi, à son adresse à manier les armes ou à se battre, grâce à son agilité. Les adversaires, au contraire, sont toujours lâches, brutaux, fourbes et bornés.

Les titres de ces histoires évoquent souvent la violence : *Razzia sur la Fulgura, la Piste sanglante (Spirou), l'Assassiné récalcitrant, Massacre pour un moteur (Tintin).* Violence, meurtres, sabotages..., mais la morale (capitaliste) est toujours sauve : le héros de *Razzia sur la Fulgura* se lance à la poursuite de voleurs de voitures car, dit-il :

> Les salopards qui démolissent les bagnoles, moi ça me rend fou.

La Piste sanglante donne à voir la fin tragique d'un trappeur qui avait assassiné ses camarades pour s'emparer des plans d'un filon diamantifère, et conclut :

> Cette histoire est la plus extraordinaire preuve que le crime ne paie pas.

Il s'agit toujours de faire triompher le Bien, et le Bien est toujours du côté de l'ordre occidental : de ses polices, de ses services secrets ou de ses armées.

Ce mode de vie dangereux, cette vraie vie d'homme sont présentés aux garçons comme éminemment enviables. Une publicité de *Spirou* pour des albums d'aventures décrit ainsi le métier de « gorille, au temps où tant de balles sifflaient dans Chicago » :

> Un métier passionnant, plein d'imprévus, de choses imprévisibles et de situations qu'on n'avait pas prévues. Sammy et Jack Attaway sont gorilles dans l'âme. Deux albums de leurs aventures viennent de paraître. Ils sont comme une sorte de monument érigé à la gloire de tous ces hommes qui se sont dévoués pour défendre la peau des autres... et la leur pour ne pas faire de jaloux.

Dans un épisode de leurs aventures, qui couvre deux pages, on voit sur la première une demi-douzaine de jolies filles leur demander de les protéger et de les venger d'un maffioso assassin, et sur l'autre un échange de coups de mitraillettes — jolies filles et bagarre, que rêver de mieux lorsqu'on est un Homme, un vrai ?

Les héros proposés aux garçons ont toutes les caractéristiques de la Virilité, même lorsqu'on met en scène — comme dans *Pif-Gadget* — des héros justiciers « de gauche », protecteurs du pauvre, de la femme et de l'orphelin, vengeurs du peuple contre les riches et le Pouvoir : Robin des Bois, Fanfan la Tulipe ou le Docteur Justice, médecin de l'OMS, qui s'affronte tantôt au

Ku-Klux-Klan, tantôt aux organisations d'anciens nazis ou encore aux pillards des temples de l'Inde. Ces héros « de gauche » n'ont pas d'héroïque que la cause qu'ils servent, ils sont eux-mêmes l'héroïsme personnifié, tout sang-froid, courage, résistance, mépris du danger. Ils sont en outre généreux, se battent à mains nues, ne frappent jamais par derrière, évitent de tuer s'ils peuvent faire autrement ; mais leur pratique des sports de combat, leur force physique et morale les rendent invincibles. Ils restent solitaires, supérieurs : des Supermen extérieurs à toute pratique collective. Ils apparaissent là où le Pouvoir ne les attend pas et disparaissent sans se faire prendre, comme Robin des Bois. La définition du Docteur Justice est d'ailleurs celle d'un « médecin volant, abonné aux lignes internationales » et le scénariste dit : « Mon personnage est défini tout entier dans ces mots. »

Il est intéressant de voir comment, dans un album des aventures du Docteur Justice, sont racontées l'histoire de cette bande dessinée et l'invention du héros. Le scénariste évoque sa rencontre avec le modèle de ce héros, médecin de l'OMS, ceinture noire de judo, errant à travers le monde pour traquer les épidémies et

> qui a vraiment eu la vie qu'il voulait, dans le métier qu'il avait choisi. Nous tenions là un héros de notre temps. Depuis le temps que nous nous creusions la tête pour découvrir un personnage moderne, solide, original, un héros nouveau qui ne soit ni journaliste, ni détective...
> Huit jours plus tard, nous nous retrouvions autour d'une table, bien décidés à tailler, à modeler, à façonner, à fignoler un héros que nous voulions de belle stature. C'est-à-dire en gros, un type hors du commun, un fonceur généreux, un toubib bourlingueur, un aventurier de la médecine (un aventurier au sens noble du mot). Ennemi de la violence par principe et par éthique, mais ceinture noire de judo comme ce docteur X, parce que nous étions décidés à le lancer dans des opérations de grand style, notre médecin d'aventure !

Face à cette image de l'Homme, comment apparaît donc la femme dans ces illustrés ? Rarement comme héroïne. Elle est celle pour qui se battent les hommes, celle qui doit être protégée. Elle est « femme et curieuse », elle fait des scènes de ménage, elle est amoureuse et tremble pour celui qu'elle aime :

> Pour Françoise (la femme de Michel Vaillant, champion automobile), la peur est toujours là... mais elle va lutter contre elle-

même, lutter pour Michel ! Elle va soutenir son mari pour qu'il atteigne le but qu'il s'est fixé.

Elle-même ne se fixe pas de but personnel dans la vie, et même lorsque, héroïne, une femme traque des bandits, capture des pirates de l'air ou est agent secret, elle n'en reste pas moins « féminine » : elle s'émeut d'avoir blessé celui qu'elle a capturé ; elle perd le contrôle de la direction dans un virage alors qu'elle est poursuivie par des gangsters, et c'est le garçon assis à côté d'elle qui redresse la situation ; sa jupe trop serrée l'empêche de courir et de se mettre à l'abri des balles ; lorsqu'elle est en communication avec les extra-terrestres, elle « papote » ; et sa logique est toute « féminine », c'est-à-dire fondée sur ses intuitions...

On retrouve ces images stéréotypées dans toute la littérature enfantine. Un exemple entre des milliers :

> Hélène enlaça son frère en pleurant, mais Gaspard, bien que frissonnant d'une crainte et d'une épouvante qu'il ne pouvait surmonter, fit preuve d'une indomptable fierté. Hélène s'attendait à ce qu'il la protège, cela le rendait fort. Si le lynx s'approchait, il se jetterait entre eux, il se laisserait déchiqueter, puisque sa sœur comptait sur lui pour le défendre [1].

Les publicités insérées dans les journaux de garçons s'adaptent à la « cible » qu'elles visent, selon l'image que les garçons se font déjà de leur nature et de leur rôle, et contribuent à renforcer cette image. On y retrouve la plupart des thèmes que nous avons déjà vus développés par la publicité destinée aux hommes adultes : sport, action, aventure, domination, force.

Un grand nombre des publicités insérées dans les albums de bandes dessinées insistent sur la force physique, sur l'importance de la musculature pour séduire les filles, sur la nécessité de savoir se battre. Elles proposent aux gringalets de devenir en peu de temps forts et musclés :

> Un homme aux épaules larges, aux bras volumineux, au dos évasé, avec une prestance qui respire la forme, gage de succès dans la vie. Un homme à la poitrine puissante et aux abdominaux bien développés, gage de santé et de vitalité.

Elles leur proposent des crèmes pour « développer les muscles

---

1. F. Steuben, *Pieds agiles et Fille à l'arc*, Editions de l'Amitié, 1963.

en les nourrissant » et « tomber les filles sans problèmes », ainsi que des méthodes pour n'avoir plus peur de personne et, en vingt-quatre heures seulement, devenir capable de rendre inoffensif n'importe quel voyou ou blouson noir, même s'il est deux fois plus fort qu'eux. Et nombreux sont les jeunes garçons ou les adolescents qui répondent à de telles annonces :

> Que vous soyez maigre ou gros, petit ou grand, que vous ayez 15 ou 50 ans, cela n'a aucune importance, de toute manière, je ferai de vous un arsenal de puissance en vous révélant ces stupéfiants secrets de combat...
> Vous vous initierez aux tactiques qu'utilisaient les sectes religieuses japonaises et hindoues, les féroces Aztèques et la police nazie. Vous aurez la technique des agents du FBI et celle des commandos célèbres, tels que les *Marines* ou les *Rangers*. En quelques jours vous pourrez utiliser le karaté, la savate, le judo, la boxe, les méthodes des polices secrètes et bien d'autres. Remplissez-vous de confiance en vous-même et devenez l'égal des plus redoutables combattants du monde... Les temps que nous vivons sont dangereux : partout des canailles guettent les faibles. Je vous offre des moyens formidables pour vous protéger vous-même et ceux que vous aimez.

On voit sur quoi repose l'arsenal idéologique proposé aux garçons pour leur inculquer leur rôle d'hommes protecteurs et virils : sur la force, la violence, le fascisme dont se nourrissent les armées et les polices.

A partir d'un monologue sur le sport

Un homme qu'est pas sportif, moi je ne le trouve pas très normal,

déclare Ludovic (14 ans). Et que ce soit comme élément de la vraie vie d'homme, comme apprentissage de la compétition et de la domination sociales, ou comme instrument de répression sexuelle pour canaliser l'énergie des jeunes et la détourner de l'activité sexuelle, nous avons rencontré le sport dans chacun de nos entretiens.

L'un des interviewés a pratiqué dans sa jeunesse la compétition sportive et a connu un certain renom. Cette « éducation sportive » l'a marqué pour la vie, reconnaît-il, elle lui a inculqué les « valeurs » viriles que nous retrouvons partout dans son discours :

> Mon père, dit Henri, m'avait toujours encouragé vers le sport cycliste. Et ça a été très rapidement pour moi un appoint, parce que ça a été une notion de discipline. Parce que la grande liberté du vélo, la satisfaction de l'effort, le plaisir après la suée, les grosses montées, les grandes balades, l'aventure complète sur la route, les espaces, les paysages, dans une certaine solitude, au début, ça m'a beaucoup aidé.

Les ingrédients de la « vraie vie d'homme » sont presque tous là : aventure, solitude, prouesses ; le sportif est le héros des temps modernes...

> Il faut se réaliser soi-même, se dépasser et dépasser les autres. Tout le monde se fixe un certain but hors du temps. Pour moi, le premier but, ça a été de rejoindre la Bretagne, d'aller chez mon père en vacances, en vélo, dans la journée. La première fois, ça a été un calvaire : je suis parti à 4 heures du matin, je suis arrivé à 11 heures du soir. J'ai fait 18 heures de selle et il n'était pas question de monter une côte à pied ! Un mois après, je l'ai refait dans l'autre sens et 3 jours après encore dans l'autre sens...

Déjà à 16 ans, je connaissais une condition physique éblouissante...
A ce moment-là, les gens n'existaient plus, je larguais tout le
monde, partout, je faisais tout ce que je voulais...
Après, il y a eu la compétition. La compétition est une notion
vachement intéressante. Parmi les militaires et les sportifs, il y
en a 80 % qui ont des planètes importantes dans le Bélier. Moi,
j'en ai une, je passe pas au travers !

« Prédestiné » à la compétition, Henri y découvre aussi la camaraderie, la fraternité virile :

La confraternité *(sic)* qui est l'occasion où les gens se trouvent
isolés par petits groupes avec un destin commun. J'ai eu l'occasion de le constater plusieurs fois dans des films, des situations
comme le film de Hitchcock où ils sont tous dans leur bateau de
sauvetage : tout d'un coup le destin est lié... Ça, c'est des situations où je suis parfaitement à l'aise, l'ennui c'est qu'il n'y ait
pas davantage d'occasions... Aussi, je cherche à susciter les actions en commun qui vont grouper les gens autour d'une action,
autour d'un projet, où tout le monde est tendu vers un but, vers
une recherche...
Je ne fais pas une religion du copain, mais je veux dire copain
en ce sens : individu en principe à égalité, avec qui on échange,
on partage la vie — et j'ai eu à cette occasion-là des expériences
très particulières, rien du tout d'homosexuel, mais de communion
d'idées. Les amitiés que j'ai eues entre hommes c'était des amitiés
vraiment très importantes, mais pas sexuelles. Les plus belles situations que j'ai connues, c'était avec des garçons... C'était pas
forcé qu'on se dise quelque chose, c'était le code, la complicité.
Ça, c'est un très joli mot, la complicité : pour être complice, il
faut vraiment être à égalité. Pour moi, ça ne pose pas tellement
de problèmes, parce que je suis tellement en dehors de toute hiérarchie que, pour moi, un homme est un homme, un point c'est
tout ; le type qui dit une connerie, avec moi, il le prend en travers
de la gueule, même si c'est le directeur d'Usinor...

Fraternité du sport, goût de l'effort aussi :

Il y a un côté maso dans le sport, faut en être conscient, c'est
vachement dur : il faut passer cette barrière de souffrance,
comme on l'appelle, cette première barrière où tu as mal, mais
tu t'accroches et tu vas quand même jusqu'au bout, tu sais que
de l'autre côté, il y a quelque chose ; et tu gagnes tes courses
ou tu gagnes pas, mais tu fais ça pendant un certain temps, et tu
sais que dimanche après dimanche ce sera comme ça. Ça devient
une espèce de drogue et ça, ça te marque après dans la vie...

Parce que, qu'est-ce que ça veut dire, d'être en forme ? Ça veut dire que tu peux t'accrocher plus longtemps... Et tout le monde se fait mal : celui qui gagne, le moyen qu'il a de gagner, c'est de se faire plus mal que les autres, d'aller plus loin que les autres et, là, il repousse les limites, toujours... Tu t'accroches, tu t'accroches. Tu crois que tu vas crever, et ça va durer des heures : tu sais que tu n'as qu'à te relever pour que la douleur s'arrête mais tu restes pendu là-dessus.

Ce qui compte, c'est l'aventure, le risque :

Pour moi, c'est très différent, j'ai eu des réussites, très fortes, mais j'ai toujours dit : je veux ça et quand je l'aurai, je suis capable de le larguer — pour la démonstration de l'avoir eu. C'est probablement une certaine aventure, mais sur place. Je vois des gars qui voyagent, je suis pas tenté, cette aventure-là m'intéresse moins que l'aventure intérieure, la découverte des personnages, des gens, de l'intériorisation. Les courses cyclistes, ça a été au départ un voyage fantastique parmi les gens, parmi moi, dans l'effort de son corps, des autres, de connaître des tas de gens, des tas de choses, des tas d'expériences... La notion de risque, tu vois, c'est très intéressant. Vivre dangereusement, c'est quoi ? Rouler vite en voiture ? Ça, c'est un peu facile... Non, c'est prendre des risques, s'engager, la responsabilité. Vivre dangereusement, ce n'est pas véritablement le danger, mais l'excitation du nouveau, de la découverte, de la créativité. Vivre dangereusement, c'est vivre en marge nécessairement...

Henri s'inquiète de ce qu'il serait devenu, s'il n'avait pas fait de sport...

Avec le tempérament que j'ai, si j'avais pas fait de sport !... Quoi, traîner les bals, baiser les filles ?... Bah, dis donc, heureusement que je suis passé à côté de ça ! Je crois que j'aurais mal tourné... Enfin, j'aurais poussé ça tellement loin que ça aurait déconné, tandis que là, ça a pu aller très fort, très loin.

Il n'aurait pas seulement perdu son temps avec les filles, il serait devenu délinquant, pense-t-il :

Les tempéraments plus forts (comme le mien), qui vont plus loin, plus au bout, comment font-ils ? Alors c'est cette agression, cette jeunesse délinquante dont on parle...

Heureusement pour lui, il a rencontré le sport :

Ça m'a aidé pendant toute ma croissance : pas fumer, pas boire, pas baiser, et puis des fortifiants... Soigné, suivi de 16 à 23 ans, ça a été une période très bonne qui m'a profité en même temps émotionnellement, une chose très importante qui m'a aidé à me décharger...

Le monde du sport est un monde d'hommes, qui vous protège du sexe (féminin ou masculin : s'il a eu des expériences homosexuelles c'était hors du sport — et sans sentiment — les amitiés sportives, au contraire, n'étaient « pas sexuelles », précise-t-il), des femmes et de l'amollissement.

Il y a, pense-t-il, un domaine masculin qui est celui de l'intensité, de la force, de la compétition, et un domaine féminin qui est celui de l'habileté, de la sensibilité, de la tendresse. Ce qui serait bien avec les femmes :

C'est la connivence, la tendresse : mais à partir du moment où les femmes disent : je suis l'égale de l'homme... (*il rit*)... L'égale de l'homme !... Mais l'homme, il n'en est pas forcément là, ça ne l'intéresse peut-être pas, cette notion de compétitivité, de se battre...

La notion de compétition n'est intéressante qu'entre hommes. Se battre, c'est une affaire d'hommes, parce que c'est lutter pour le pouvoir et que le pouvoir est une affaire d'hommes. Dans le sport ou dans la vie, c'est la même chose. Pour un homme, le but est le même : arriver.

La recherche du pouvoir, elle vient d'où ? Il y a des gens qui ont des ambitions, des besoins plus grands que les autres... Je parlais des coureurs cyclistes : j'en ai revu, après avoir arrêté de courir, des gars qui dans la vie se battaient, dans la vie continuaient à s'accrocher, c'étaient des battants comme on dit... J'ai fait très bien le rapprochement — dans le sport, c'est très sensible, dans la vie de tous les jours, c'est sensible aussi — n'importe qui, qui arrive à une certaine position, c'est très dur, et ça lui coûte beaucoup... C'est rare qu'un gars arrive « comme ça » — je crois pas, j'aime mieux pas le croire... — et les gens d'en bas voient ce gars arriver seulement, mais ils voient pas le chemin. Ils voient que le col, ils voient pas la montée, les compromissions et tout ce que ça lui a coûté... Et lui, là où il est arrivé, dans le fond, c'est probablement très cher payé, donc il peut pas jouir à plein — comme d'un billet de la Loterie nationale, le truc gratuit qui tombe.

Non, ça lui a coûté, et pour se rendre compte de sa position, à ce moment-là, il a besoin des autres, et des autres le plus bas possible... Il n'y a que là que tu prends conscience... « Monsieur le PDG »... Bah oui... seulement, lui, quand il est en face de son conseil d'administration, ce n'est plus tellement marrant d'être PDG ! Mais en fait, tous les larbins qui sont aplatis, il en a peut-être un plaisir, et il ne prend un plaisir que de cette façon-là... Cette situation par rapport aux autres et sa position lui ont coûté tellement cher qu'il est difficile finalement qu'il en jouisse lui-même. Certes, il réalise son rêve : traverser Paris en DS noire entre deux agents. Mais combien ça coûte pour en arriver là ? Quand tu as un tas d'emmerdes, tu vas d'un ministère à l'autre, tu vas peut-être sauter, tu ne sais plus où t'en es... Tu es pris dans une salade, il y a un gars qui te fait du chantage ou je ne sais quoi, tu as des soucis. Bon, bah, tu ne vois pas les gens : « Vite au ministère ! » Ça ne compte plus, les motards, ça ne compte plus rien... Tu es là, tu es... « Putain, la Bourse ! »... Le gars, il est dans son journal, ses soucis, dans sa vie à lui, il plane au-dessus de tout ça, ça n'a plus rien à voir, le reste...

Le sport, derrière l'alibi de l'esprit d'équipe, de l'esprit sportif, est une école de promotion sociale, de domination : dans le sport, comme dans la vie, il faut être le premier et que les autres soient « le plus bas possible », pour que l'on puisse jouir de sa domination. Et cette image de la peine que l'on a à arriver et de la vanité de la victoire, qui ne trompe que le vulgaire, est mystifiante : vanité des vanités, du pouvoir et de la gloire... N'enviez plus les puissants de ce monde, bonnes gens, restez dans vos HLM, à votre place. A vouloir en changer, vous risqueriez l'infarctus, vous trouveriez les soucis, mais pas le bonheur...

Mais pour l'immense majorité des hommes, être « sportif », c'est acheter *l'Equipe,* regarder les matchs, encourager bruyamment le club local...

Pour tous ces sportifs par procuration, le sport est un spectacle et un culte. Culte de la masculinité, de la fraternité virile, de la fraternité de combat, de l'esprit d'équipe, de l'esprit sportif — où ils investissent leurs désirs frustrés de réussite sociale, de domination, de reconnaissance de leur virilité.

Le sport est la représentation sociale, le culte des valeurs sur lesquelles repose la société capitaliste : compétition, rendement, mesure, record, spécialisation, rationalisation. L'obsession du rendement et de la réussite, le chronomètre règnent sur le stade comme sur l'usine. Le système industriel n'a pas besoin de gens qui soient bien dans leur peau, équilibrés, qui exercent leur corps par plaisir ou par hygiène, mais de machines à faire la guerre ou à produire, et de champions qui exaltent ses valeurs. Ses sportifs ne sont que de bons soldats ou que des officiants du culte de la compétition. Quand ces officiants ont bien mérité de la patrie capitaliste, on les décore... et, quand il le faut, ils appellent à voter pour le candidat de la majorité.

Le sport comme « phénomène de masse », par opposition à l'activité physique libre, est un nouvel « opium du peuple » qui sert à masquer la lutte des classes [1], et développe le chauvinisme et le nationalisme les plus étroits. L'énergie investie dans l'hostilité entre clubs est une énergie perdue pour la lutte des classes, les aspirations confuses à une vie meilleure sont détournées vers l'aspiration à la victoire d'un champion ou d'une équipe, et l'idéologie du « Que le meilleur gagne » sert à justifier l'ordre capitaliste hiérarchique et sexiste.

---

1. « La moto... c'est comme une nouvelle religion... il n'y a plus de distinction de classes, on est tous frères », disait un motard interviewé par Europe n° 1.

Épilogue

Tout, et tout de suite

Le cercle vicieux des rapports entre les sexes, tel que Simone de Beauvoir l'analysait avec beaucoup de lucidité en 1949, est loin d'être brisé aujourd'hui :

> En vérité, si le cercle vicieux est si difficile à briser, c'est que les deux sexes sont chacun victimes à la fois de l'autre et de soi ; entre deux adversaires s'affrontant dans leur pure liberté, un accord pourrait aisément s'établir, d'autant que cette guerre ne profite à personne ; mais la complexité de toute cette affaire provient de ce que chaque camp est complice de son ennemi ; la femme poursuit un rêve de démission, l'homme un rêve d'aliénation ; l'inauthenticité ne paie pas : chacun s'en prend à l'autre du malheur qu'il s'est attiré en cédant aux tentations de la facilité, c'est l'échec latent de sa propre mauvaise foi et de sa propre lâcheté. (...)

Les hommes se retrouvent aliénés par l'oppression même qu'ils font subir aux femmes.

> Le mari se recherche en son épouse, l'amant dans sa maîtresse, sous la figure d'une statue de pierre ; il poursuit en elle le mythe de sa virilité, de sa souveraineté, de son immédiate réalité. (...) Mais il est lui-même l'esclave de son double : quel travail pour édifier une image dans laquelle il est toujours en danger ! Elle est malgré tout fondée sur la capricieuse liberté des femmes : il faut sans cesse se rendre celle-ci propice ; l'homme est rongé par le souci de se montrer mâle, important, supérieur ; il joue des comédies pour qu'on lui en joue ; il en est lui aussi agressif, inquiet ; il a de l'hostilité pour les femmes parce qu'il a peur du personnage avec lequel il se confond. Que de temps et de forces il gaspille

à liquider, sublimer, transposer des complexes, à parler des femmes, à les séduire, à les craindre ! On le libérerait en les libérant.
Mais c'est précisément ce qu'il redoute. Et il s'entête dans les
mystifications destinées à maintenir la femme dans ses chaînes.

La perpétuation de ce vieux conflit entre les sexes ne peut être
attaquée efficacement sans une critique révolutionnaire de l'idéologie régnante. La première tâche est de montrer les limites
et l'hypocrisie du réformisme en matière de sexualité : c'est à la
base même de la répression sexuelle qu'il faut s'attaquer — c'est-à-
dire aux institutions qui, fût-ce sous une forme plus dissimulée, plus
moderne, continuent de l'exercer : la famille, l'école et les églises,
principalement. Mais cela ne suffit pas. Pour être conséquent, il
importe aussi, dans le même temps, d'analyser et de détruire les
mythes sur lesquels repose toute la formation idéologique actuelle
concernant la « vie privée », dont la fonction sociale a été jusqu'à présent très largement sous-estimée : le mythe du Grand Amour
pour les femmes, les mythes du Pouvoir et de la Virilité pour les
hommes.

Alors, il ne sera plus utopique d'espérer un type nouveau de
relations entre les sexes, et il deviendra possible de mobiliser des
gens prêts à lutter de façon révolutionnaire pour donner à ces relations le cadre économique et social qui leur permettra de s'instaurer.
Car il est plus satisfaisant d'aimer un partenaire qui soit votre
égal : pour un homme, une femme qui ne se laisse pas séduire
avec plus ou moins de réticences, mais qui soit un autre être humain, doué d'une volonté sexuelle propre, libre de ses envies, dési-
rant communiquer dans le plaisir avec lui — pour une femme, un
homme qui ne cherche pas à dominer, à faire reconnaître son
pouvoir au lit ni ailleurs, à se rassurer par les attitudes de possession et de donjuanisme. Aucun individu aimant ne peut se satisfaire des parodies masculines et féminines dans lesquelles chacun
est aujourd'hui enfermé. Le plaisir sexuel est le fondement principal du bonheur humain. L'exclusivité sexuelle, la fidélité, le couple
ne peuvent se justifier en dehors d'un choix libre mutuel et tempo-
raire, reposant sur la satisfaction. Dans ces conditions seulement,
les sentiments possessifs ne gâcheront plus la possibilité de relations
amoureuses libres et multiples.

Nous ne sommes pas des utopistes. Nous savons que cela exige
des bouleversements économiques et sociaux considérables, l'égalité
dans les faits des hommes et des femmes dans tous les domaines
de la vie, et la disparition de l'exploitation de l'homme par l'homme

Mais, déjà, les essais de libération sexuelle, les tentatives pour sortir du vieux cadre de la famille et du couple, même s'ils se heurtent à de nombreux pièges, montrent que le présent porte en germe des solutions pour l'avenir. Nous ne croyons pas à la pérennité de micro-sociétés isolées, à l'abri du monde extérieur et des rapports économiques et sociaux qui le dominent. Mais qu'importe ! Toutes les tentatives, même marginales et limitées, même si elles ne durent pas longtemps, même si elles conduisent à des échecs retentissants, sont intéressantes et valent la peine d'être tentées. Car nous n'avons rien à perdre. Dès à présent, tout vaut mieux que cette vie sinistre qu'on veut nous imposer. La vie en communauté n'est pas une solution miracle mais, même si elle aboutit souvent à la reconstitution de familles au sein de la collectivité, elle permet de prendre conscience de la nocivité du modèle familial, de l'infirmité affective et sexuelle d'individus préparés à considérer le couple comme la forme idéale et exclusive des relations entre les sexes.

L'éducation non répressive des enfants, les écoles parallèles restent réservées le plus souvent aux enfants de contestataires plus ou moins militants. On leur fait le reproche d'écarter ces enfants d'une socialisation réelle, du contact avec les autres couches de la population, de leur interdire une scolarisation « normale ». Mais nous ne pensons pas qu'il soit meilleur pour l'enfant de subir à son tour les brimades stupides, la répression sexuelle, le bourrage de crâne que nous avons nous-mêmes subis à l'école. De n'être pas devenu un individu honteux, passif, soumis devant l'autorité, cela empêchera-t-il un enfant d'avoir de bons contacts avec des enfants d'autres milieux sociaux, de prendre conscience de l'exploitation et de lutter contre elle ? C'est, à notre avis, le contraire qui est vrai.

On peut essayer dès à présent de « changer la vie », entretenir des relations sexuelles fondées sur la liberté du désir, en cherchant à éviter toutes les conduites dominatrices ou aliénées : il ne s'agit pas là de nouvelles normes, réformistes ou « révolutionnaires », que l'on pourrait imposer de façon autoritaire. En ce domaine, et pour de nombreuses années encore, rien ne peut être définitivement acquis. On sait combien il est difficile de se débarrasser du sentiment de possession et de la jalousie, tout en conservant des rapports tendres et gratifiants avec ses partenaires. Rééduquer son affectivité, sa sexualité est sans doute une tâche de longue haleine ; mais, encore une fois, il n'y a rien à perdre à essayer, et sans attendre.

La notion de sacrifice personnel pour les lendemains qui chantent, sans doute très belle, est également très aliénante. Sa propre vie reste pour chaque individu le bien le plus précieux ; la vouloir la plus heureuse possible est un sentiment non seulement légitime, mais en soi révolutionnaire, pour qui ne possède rien d'autre que sa force de travail. Si quelques-uns arrivent dès à présent à vivre mieux, non pas en consommant plus ou en utilisant davantage de gadgets inutiles, mais en établissant avec les autres des relations plus solidaires, plus satisfaisantes et plus libératrices, eh bien ! cela sera plus révolutionnaire que beaucoup de discours.

Le mode de vie bourgeois continue à être le hochet que l'on agite devant les masses pour les inciter à travailler davantage et les enfoncer un peu plus dans leur aliénation, dans les contraintes matérielles et psychologiques... Contre cette inégalité fondamentale, au niveau de la jouissance, entre classes exploiteuses et classes exploitées, la volonté de changer la vie tout de suite est subversive, elle est la vivante négation des valeurs les plus sacrées du système actuel.

Remettre en cause ce qu'on appelle la « vie privée », c'est s'attaquer à l'un des bastions les plus forts de la société bourgeoise. C'est là un facteur essentiel de politisation pour de larges masses d'exploités. Apporter des réponses immédiates aux problèmes et à la misère de la vie quotidienne, sans se limiter au monde du travail, permet de faire entrevoir, mieux que par de longs discours théoriques, qu'une autre façon de vivre n'est pas impossible et qu'elle vaut la peine que l'on se batte pour la faire exister. Nous dédions ce livre à ceux et à celles qui veulent TOUT, ET TOUT DE SUITE.

Annexe

Qui sont les hommes interviewés [1] ?

BERNARD   C, 42 ans, région parisienne.

Enfant naturel, huit frères et sœurs, dont sept légitimes. Beau-père plombier, mère au foyer. Elevé très durement, il passe une grande partie de son enfance et de sa jeunesse dans des établissements d'assistance ou des maisons de redressement. Il a son CAP de plombier.

Marié trois fois, il a eu deux enfants de son premier mariage qu'il a peu connus et il a élevé les deux enfants de sa troisième femme. Il a passé huit ans en prison pour divers motifs et a vécu récemment un an en communauté.

CAMILLE   C, 30 ans, Lyon.

Enfant naturel, il a un autre frère naturel et une demi-sœur légitime, née du mariage de sa mère, employée de maison, réfugiée espagnole, avec son patron. A la suite de ce mariage, il est placé dans un orphelinat catholique où il reste de 5 ans à 17 ans.

Titulaire d'un BEI, il est dépanneur de télévision, puis dessinateur industriel. Marié avec une institutrice, il passe le baccalauréat par correspondance ; prépare actuellement une licence d'histoire. Il souhaite vivre en marge, loin de la ville.

Il a milité plusieurs années au PSU.

---

1. Pour des raisons d'homonymie ou d'anonymat à préserver, certains prénoms ont été modifiés. Le milieu d'origine a été ainsi codifié :
  A bourgeoisie aisée et grande bourgeoisie ;
  B petite bourgeoisie ;
  C ouvriers et employés.
  La région indiquée est celle où l'interviewé a vécu pendant son enfance et son adolescence.

CHARLES   C, 24 ans, Lorraine (rural).

Orphelin de père (invalide de guerre), mère ouvrière à domicile
avec 4 enfants à charge, il a eu une éducation très dure et très
catholique. Il a un CAP d'électricien, mais travaille en usine de
16 ans à 20 ans. Il s'est marginalisé et ne travaille plus qu'épisodi-
quement ; il souhaite vivre en communauté rurale. Il vit en couple
depuis 4 ans.

CHRISTIAN   C, 17 ans, Le Havre.

Père mécanicien de la marine, mère secrétaire, il entre en ter-
minale et veut être ingénieur. Education laïque, deux ans de scoutisme
laïc. Sympathisant des mouvements d'extrême gauche.

CHRISTOPHE   B, 24 ans, Normandie.

Père instituteur, mère au foyer, éducation religieuse moyenne.
Niveau du baccalauréat. Travaille dans l'animation culturelle. Marié,
sans enfant, il est séparé de sa femme et vit en couple avec une autre
femme dont il a un enfant. Sympathisant maoïste.

CLAUDE   B, 24 ans, Paris.

Fils de comédiens, comédien lui-même, il a cinq frères et sœurs,
dont deux d'un premier mariage de sa mère. Il a reçu une éducation
très catholique. Il vit en couple depuis trois ans. Sympathisant des
mouvements contestataires.

DANIEL   C, 30 ans, Jura (rural).

Père employé de la SNCF. Lui-même est OP graveur. Marié.

DIDIER   A, 27 ans, Lorraine.

Père expert-comptable (décédé), mère devenue fonctionnaire après
la mort de son mari. Il a reçu une éducation « catholique sociale »,
a été louveteau. Il a fait des études supérieures et travaille comme
chargé de mission dans un ministère. Célibataire.

FRANCIS   B, 31 ans, Paris.

Père représentant de commerce, mère donnant des cours dans des
institutions privées ; aîné de 4 enfants, il a reçu une éducation très
catholique et très répressive (scoutisme, collège religieux, mouvements
d'action catholique, période mystique...). Titulaire du baccalauréat.

il est représentant de commerce. Il souhaite vivre en communauté. Marié. Vers l'âge de 20 ans il militait pour l'Algérie française ; plus tard, il est devenu militant de l'ex-Ligue communiste.

FRANÇOIS   C, 57 ans, Jura.

Fils d'un ouvrier tourneur, il a fait des études primaires et est devenu relieur d'art. Marié, trois enfants. Il est anticlérical et de gauche.

GÉRARD   C, 26 ans, Paris.

Fils d'un employé de voirie et d'une femme de salle, Gérard a fait l'école hôtelière et obtenu son BET de cuisinier. Il est aujourd'hui professeur de cuisine. Il vit en couple depuis plusieurs années avec une femme divorcée, mère de deux enfants. Il n'a pas eu d'éducation religieuse. Membre du parti communiste.

GILLES   A, 29 ans, Lyon.

Père médecin. Education athée et libérale. Etudes supérieures. Il a été chercheur scientifique et est actuellement professeur. Il est marié, a trois enfants, sa femme ne travaille pas. Sympathisant maoïste.

GUY   B, 42 ans, Lyon.

Père maçon, éducation catholique. Agent régional d'une entreprise du bâtiment, il est militant CFDT et catholique de gauche. Marié, deux enfants.

HENRI   B, 40 ans, Paris.

Fils d'un gendarme et d'une concierge, il a fait du cyclisme de 16 à 23 ans. Entré comme commis chez un architecte, il a suivi des cours et a atteint le niveau d'architecte, sans en avoir les diplômes. Divorcé, il vit en couple avec une autre femme ; il a un enfant de son mariage.

JACQUES   A, 37 ans, Paris.

Fils d'un ingénieur (directeur d'entreprise du bâtiment), il a reçu de sa mère une éducation très catholique. Il a été scout, et même chef scout. Ingénieur, il dirige un bureau d'urbanisme. Marié, trois enfants. Ancien militant de l'UNEF et catholique de gauche, il ne pratique plus (bien que croyant) et se dit « proche du PS ».

JEAN-CLAUDE   B, 27 ans, Lyon.

Orphelin de père, mère employée, il a reçu une éducation catholique et fait des études secondaires et techniques. Chimiste, il a épousé une chimiste. Il se situe à gauche.

JEAN-LOUIS   C, 24 ans, Yonne.

Fils d'un employé à l'entretien de l'hôpital, d'une famille de neuf enfants, Jean-Louis s'est arrêté en 4ᵉ technique et a travaillé en usine jusqu'à son service militaire. Ensuite, il s'est marginalisé : travail intermittent, voyages et séjours aux Indes, vendeur de parfums et de bijoux au marché aux Puces... Il a reçu une éducation faiblement catholique et a été scout pendant deux ans. Célibataire. Apolitique.

JEAN-PIERRE   B, 28 ans, Lyon.

Fils de François (voir ci-dessus), il a reçu une éducation libérale, anticléricale. Il a fait des études secondaires et exerce le même métier que ses parents : relieur. Marié, il a un enfant ; sa femme ne travaille plus. Il est athée et « de gauche façon *Charlie Hebdo* ».

LOUIS   C, 35 ans, Ain (rural).

Orphelin (père bûcheron), pupille de la nation, il a été élevé par sa sœur aînée. Il a reçu une éducation catholique et reste croyant. Il a suivi des études primaires ; il est maçon. Marié, père de famille. Politiquement, il est « un peu à gauche ».

LUC   C, 49 ans, Isère.

Fils d'un ouvrier tisseur et d'une bourgeoise « mésalliée » et rejetée par sa famille, Luc a eu une enfance de « Petit Chose ». Boursier, il est tenu à l'écart par les autres élèves ; il doit d'ailleurs interrompre ses études après le baccalauréat pour aider ses parents. Elevé « entre la chapelle et le stade » il reste « vaguement croyant » et très sportif. Enfant, il fait partie d'une « bande », puis fait du scoutisme. Vers 20 ans, il connaît une « période héroïque » (engagement dans la IIᵉ DB, pour l'Indochine). Il veut s'élever dans la hiérarchie sociale, prend des cours par correspondance et devient cadre, avec des responsabilités importantes. Marié, il se sépare de sa femme après vingt ans de vie commune ; il vit actuellement avec une autre femme dont il a un enfant ; il a eu deux enfants de son premier mariage. Il a abandonné, depuis qu'il a quitté sa femme, le mode de vie conformiste qu'il menait jusque-là.

LUDOVIC   B, 14 ans, Normandie (rural).

Fils d'un agriculteur, il est élève d'un pensionnat catholique, où il entre en 3° ; il est cependant presque incroyant. Apolitique, plutôt réactionnaire.

MARC   A, 31 ans, Paris.

Fils d'un architecte, élevé « en tribu » avec ses 5 frères et sœurs et ses nombreux cousins, il reçoit une éducation très « ludique », mais sexuellement très répressive et très catholique (deux ans d'internat chez les jésuites, appartenance à une fraternité étudiante du père de Foucauld...). Louveteau, puis scout, puis chef scout, il devient commissaire de district et fait son service militaire comme cadre des enfants de troupe. Après des études supérieures incomplètes, il travaille dans l'animation culturelle où il occupe un poste de responsabilité. Il est divorcé et vit seul. Il a été membre du PSU pendant cinq ans, mais « revient à un juste milieu ».

MARCEL   C, 25 ans, Jura (rural).

Fils d'un ouvrier, il est lui-même ouvrier maçon. Il est célibataire et vit encore dans sa famille. Vaguement croyant, apolitique.

MICHEL   B, 26 ans, Rouen.

Fils d'un représentant de commerce et d'une petite commerçante, d'une famille de six enfants, Michel a été handicapé jusqu'à 14 ans par une infirmité physique. Il a reçu une éducation assez libre sexuellement et « d'esprit prolétarien ». Sa mère l'a élevé dans la religion catholique mais, après sa communion, il est devenu athée comme son père. Il a son CAP de secrétariat et a exercé un certain nombre de métiers ; il est aujourd'hui secrétaire technique. Célibataire, il vit en couple depuis neuf ans. Il est « dans l'opposition ».

PAUL   A, 30 ans, Paris.

Fils d'un officier de marine et d'une aristocrate, d'une famille de dix enfants, Paul a reçu une éducation très catholique. Il a fréquenté diverses écoles artistiques et est sculpteur et professeur aux Beaux-Arts. Il est célibataire.

PHILIPPE   A, 15 ans, Rouen.

Fils d'un commissaire de police, Philippe est élève d'un pensionnat catholique et croyant. Il entre en 3°. Apolitique, plutôt réactionnaire.

PIERRE   A, 27 ans, Paris.

Fils d'un directeur d'usine, Pierre a reçu une éducation très catholique ; il est médecin et militant du GIS. Marié, deux enfants, il vit actuellement seul.

RÉMI   B, 28 ans, Normandie.

Orphelin de père, Rémi a reçu une éducation « de fille », extrêmement répressive sexuellement. Il souffre d'impuissance et n'a eu son premier rapport sexuel qu'après plusieurs mois de mariage. Il a quitté l'école à 14 ans et est employé. Apolitique et plutôt réactionnaire.

RENÉ   B, 30 ans, Lyon.

Fils de commerçants, il est devenu assistant de faculté.

ROBERT   C, 23 ans, Jura (rural).

Son père, communiste, était commis de bureau ; Robert a reçu une éducation laïque et libérale. Elève d'Ecole normale, il est maintenant instituteur. Il vit en couple. Sympathisant anarchiste.

SERGE   B, 27 ans, Provence.

Fils d'un régisseur de mas devenu garagiste, il a fait des études supérieures et est économiste. Il a reçu une éducation faiblement catholique. Marié, sans enfant. Il est « de gauche ».

THIERRY   C, 15 ans, Normandie.

Fils d'un employé de la SNCF et d'une secrétaire, il est interne dans un pensionnat catholique (entrée en 3ᵉ). Faiblement catholique, il est apolitique, plutôt réactionnaire.

Table

Puissance, pouvoir, possession

La vie privée

Formation et reproduction
de l'idéologie masculine

IMPRIMERIE AUBIN À LIGUGÉ (2-81)
D.L. 4ᵉ TRIM. 1977. Nº 4714-6 (L 13064)

Collection Points

SÉRIE ACTUELS

SÉRIE SAGESSES

dirigée par Jean-Pie Lapierre

SÉRIE SCIENCES

dirigée par Jean-Marc Lévy-Leblond